KT-439-203

EL *Punto*
EN *Cuestión*

THE LEARNING CENTRE
HAMMERSMITH AND WEST
LONDON COLLEGE
GLIDDON ROAD
LONDON W14 9BL

Silvia C. Gómez

WITHDRAWN

Hammersmith and West London College

308767

EL *Punto* EN *Cuestión*

Editor Ana Montero
Design and illustrations Julia Osorno
Cover design Gregor Arthur
Photo research Katharine Gasparini, Picot Cassidy

ISBN 8-8442-1565-1

PN 6 5 4 3 2 / 02 01 00

This edition first published 1998
by National Textbook Company, a division of
NTC/Contemporary Publishing Group,
4255 W. Touhy Ave., Lincolnwood (Chicago),
Illinois, USA 60646-1975.

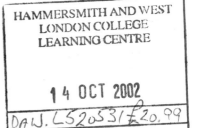

HAMMERSMITH AND WEST
LONDON COLLEGE
LEARNING CENTRE

1 4 OCT 2002

DAW. L520531 £20.99
308767
468 GOM
Language & Lit

© Chancerel International Publishers Ltd 1998

All rights reserved. No part of this publication may be reproduced, recorded, transmitted or
stored in any retrieval system, in any form whatsoever, without the written permission of the
copyright holders.

Produced by
Chancerel International Publishers Ltd
120 Long Acre
London WC2E 9PA
England

Printed in Hong Kong

Picture acknowledgements

Agencia EFE 30, 31 (2); Alcaldía Municipio Chacao 28; APA (Hong Kong) Ltd 70; Britstock-IFA
Ltd 58; Picot Cassidy 66, 76; Chancerel 74, 86; Jan Chipps Photography 19, 22, 27, 36 (2),
38 (2), 50, 68, 71, 74, 90, 91; Club Med 82; Das Photo/D. Simson 6, 7, 92; Getty Images 20,
54, 88; Image Bank (The) 12, 14, 15; Katz Pictures Ltd 8; Ana Montero 36, 70 (4), 74;
Panasonic UK Ltd 26 (3); "PA" News Photo Library 42; Retna Pictures Limited 40 (2); Roslin
Institute 44; El Semanal 16; Michael Smith 6, 38 (3), 62 (4); South American Pictures 46, 72,
79 (2), 84, 87; Sylvia Cordaiy Photo Library Ltd 32, 34; Telegraph Colour Library 15, 18, 24,
26, 30, 38, 48, 52, 54, 64, 80, 86

EL Punto EN Cuestión

308767

Text acknowledgements

- El Comercio (Ecuador) *¿Un clon tiene beneficios?* 44

- El Correo Gallego (Spain) Comic by Sir Cámara 93

- Cristina La Revista (Mexico) *Te sigo amando, el debut de un talk show en las telenovelas* 20; *Acabe con el estrés antes de que acabe con usted* 52; *Las diez profesiones de más estrés* 54; *Un día en la vida de Ana* 55; *Paparazzi* 68

- Entre Estudiantes (Spain) *La oficina en casa* 80

- La Farola (Spain) Text and illustration, *Zapatos* 56

- Greenpeace (Spain) Publicity material 47

- Mariscal (Spain) Illustration 51

- Mía (Spain) Comic by Candela Prat, *PiliPropper* 16; *Nosotros maltratamos a la naturaleza y ella se queja* 48

- El Mundo (Spain) Adaptation of text by Pedro Simón, *Vive de tus padres hasta la jubilación* 92

- La Nación (Argentina) Front page of the on-line edition 7

- Gracia Nidasio (Spain) Comic, *Nina* 59

- Noticias de Abya Yala (Argentina. Internet edition) *Wichí: luchando por sobrevivir en Argentina* 60

- Noticias Latin America (London, Great Britain) *La fiesta del sol* 84

- Oficina de Turismo de México (Mexico) Publicity material 75

- El País (Colombia) *Menores, a dormir temprano en Cali* 88

- El País (Spain) Comic, *Historias de Miguelito* 35

- El País Semanal (Spain) Adaptation of texts by: Fernando Franco, *El río del oro* 12; José Antonio Millán, *Internet* 24; Charo Canal, *Tocar madera. Explicaciones de sentido común para las supersticiones más famosas* 36; Luis Merino, *Turistas en masa. Los nuevos conquistadores arrasan pueblos enteros* 72

- Quino (Argentina) Comics 23, 54, 67

- Quo (Spain) Source: Instituto Nacional Francés del Deporte y la Educación Física 15

- Revista de la Oficina de Información Diplomática (Spain) *Primer Congreso Internacional de la Lengua Española. Los asistentes a la cumbre de Zacatecas coinciden en que el español goza de buena salud* 8

- El Semanal (Spain) Adaptation of texts by: Bernabé Tierno, *Vivir para beber* 16; Enrique Arias Vega, *La fuerza hispana* 40

- El Tiempo (Colombia. Internet edition) *'Regalo' se quedará en el Hogar Boyacá* 32

- Tiempo de VIAJAR (Spain) *La ciudad infinita* 64

- El Universo (Ecuador) *Irene Sáez Conde. Ex Miss Universo sueña con ser presidenta* 28

- Visión - La revista Latinoamericana (Argentina) *Machu Picchu, la ciudad escondida* 76

Every effort has been made to trace the copyright holders of material used in this book. The publishers apologise for any omissions and will be pleased to make the necessary arrangements when *El Punto en Cuestión* is reprinted.

ÍNDICE

En España y Latinoamérica hay publicaciones diarias, semanales y mensuales. Su objetivo es informar a los lectores sobre los acontecimientos políticos y sociales así como los relacionados con los deportes y el tiempo libre.

PERIÓDICOS

Los periódicos o diarios son la principal fuente de difusión de las noticias de actualidad. La dura competencia con los medios de comunicación audiovisual (televisión y radio) ha reducido el número de estas publicaciones durante las últimas décadas.

En España los periódicos de calidad se publican en formato pequeño. Existen unos 124 diarios; hay diarios provinciales, regionales y nacionales. *El País*, fundado en 1976, es el periódico de mayor tirada (el que más vende), con un promedio de 421,000 ejemplares al día. Le siguen *ABC*, fundado en junio de 1905, y *El Mundo* cuyo primer número apareció en octubre de 1989. Tanto en España como en Latinoamérica ningún periódico alcanza el medio millón de ejemplares diarios.

Únicamente *El País* de los domingos logra vender un millón de ejemplares gracias a los suplementos. Además de noticias, los periódicos contienen comentarios, pasatiempos, artículos literarios y viñetas de humor y chistes. Quino de Argentina y Romeu de España son dos humoristas muy conocidos.

En América Latina se publican diarios de importante tirada y con gran influencia en la opinión pública de sus respectivos países. *Ejemplos: Clarín, La Nación* en Buenos Aires (Argentina); *Excelsior, El Universal* en Ciudad de México; *El Mercurio* en Santiago de Chile; *El Tiempo, La República* en Montevideo (Uruguay).

"Los fines de semana compro El País con el suplemento porque es muy completo. La revista dominical tiene secciones muy variadas y artículos interesantes. Me gusta mucho la sección de humor de Quino. Además siempre regalan coleccionables muy útiles".

"No compro periódicos porque prefiero leer la versión electrónica en Internet. Es más cómodo y fácil estar al día y ahorras papel. En el futuro creo que no habrá periódicos impresos".

REVISTAS

Otro gran sector son las revistas de publicación semanal destinadas a un público general. Contienen noticias de actualidad relacionadas sobre todo con la política, pero también incluyen la cultura y el ocio. *Ejemplos: Tiempo, Cambio 16, Época, Tribuna* en España; *Semana* en Colombia; *Visión* en Argentina.

La llamada prensa del corazón se ocupa de la vida privada de personajes públicos del mundo del espectáculo y de la alta sociedad. Las revistas españolas *Hola, Diez Minutos, Semana* y *Pronto* constituyen una parte importante en el mercado de revistas. En México la revista *Alarma*, de carácter sensacionalista, vende más de un millón de ejemplares.

Ha aumentado el número de revistas especializadas en temas científicos, sobre la naturaleza y actividades de tiempo libre como viajes, deporte, las revistas relacionadas con la salud y, por supuesto, las revistas informáticas o de computación.

POR VÍA DIGITAL

Las nuevas tecnologías están transformando el mundo de la información. Ahora es posible recibir la versión electrónica de un periódico en cualquier parte del mundo a través de Internet.

Para acceder a una publicación digital sólo tienes que escribir la dirección en el recuadro y hacer clic con el ratón en el botón de búsqueda.

Esta es la página principal del periódico argentino *La Nación* en su versión on-line.

PUNTO DE MIRA

1 ¿Por qué motivos estudias español?

    a porque es una asignatura del colegio
    b por tu trabajo/profesión
    c porque te gusta
    d porque vas de vacaciones a un país de habla española

> Cada vez hay más gente que estudia el español (o castellano) como lengua extranjera. Lee este artículo para conocer algunos aspectos de la lengua de Cervantes.

Primer Congreso Internacional de la Lengua Española

LOS ASISTENTES A LA CUMBRE DE ZACATECAS COINCIDEN EN QUE EL ESPAÑOL GOZA DE BUENA SALUD

Más de un centenar de lingüistas, escritores, periodistas, cineastas y empresarios y técnicos de la comunicación de una veintena de países se reunieron en la ciudad mexicana de Zacatecas para analizar el presente y el futuro de la lengua española.

Gabriel García Márquez

El español es la lengua oficial en 21 países que en la actualidad suman más de 345 millones de habitantes. Además, hay que añadir los 30 millones de hispanohablantes que residen en Estados Unidos y Filipinas, que convierten a nuestro idioma en el cuarto del mundo, después del chino, el inglés y el hindi. El prestigio cultural de la lengua española, puesto de manifiesto en los diez premios Nobel de Literatura obtenidos por escritores hispanohablantes, así como su riqueza y variedad, hacen que sea una de las grandes lenguas de comunicación internacional.

El Congreso de Zacatecas estuvo dedicado a "La lengua y los medios de comunicación". En la sesión inaugural, el Rey de España afirmó que los medios de comunicación son una de las principales fuentes de renovación del idioma y que, por ello, una de sus metas debe ser el cuidado de la lengua. También señaló, refiriéndose a la comunidad iberoamericana, que la lengua española es "el gran vínculo de unión de nuestros pueblos". Advirtió que el castellano puede tener un excelente futuro si se aprovecha en su beneficio las nuevas tecnologías y se crea un nuevo territorio para nuestra lengua.

El presidente de México, apeló también a la responsabilidad de la prensa en la defensa de la unidad básica de la lengua y en el respeto por sus variantes nacionales y regionales.

En el convento de San Agustín de Zacatecas, sede del encuentro, también estuvieron presentes los premios Nobel de Literatura Camilo José Cela (España), Gabriel García Márquez (Colombia) y Octavio Paz (México), aunque este último a través de una grabación en vídeo debido a su delicada salud.

¿LO HAS ENTENDIDO?

1 ¿Cuáles son los idiomas más hablados del planeta?

2 ¿Cuál fue el tema del Congreso de Zacatecas? ¿Qué personalidades estuvieron presentes en él?

3 ¿Por qué es el español una lengua internacional? ¿Cuántas personas lo hablan?

4 Según el rey Juan Carlos, ¿qué deben hacer los medios de comunicación?

TOMA NOTA

Diferencias lingüísticas entre España y Latinoamérica

Hay muchas variaciones de español. En España viajas en *autobús*, en México en *camión*, en Argentina en el *colectivo*, en Venezuela en la *guagua* y en Perú en la *góndola*.

Otra diferencia es el uso de la segunda persona plural de los verbos. En España la forma plural de *tú* es *vosotros*, pero en toda Latinoamérica utilizan *ustedes*. Así un latinoamericano se dirige a sus amigos, colegas o hermanos con *"Hola, ¿cómo están ustedes?"*. Y un español dice *"Hola, ¿cómo estáis?"*.

Aquí tienes una lista de palabras que se utilizan en España. Relaciónalas con sus equivalentes de América Latina.

Ejemplo

beber = *tomar*

coche – conducir – beber – aquí – el metro – amigos – bonito – gustar – cómics – apartamento – gafas – patatas – zumo – ¡date prisa!

jugo (México) – lindo – acá – departamento – papas – carro – anteojos (Argentina) – historietas – manejar – "subte" (Argentina) – ¡apúrate! – provocar (Colombia) – cuates (México) – tomar

AMPLÍA TU VOCABULARIO

Cervantes (Miguel de Cervantes, 1547-1616) escritor español. Autor de *Don Quijote de la Mancha*, considerada como la primera novela moderna de la literatura universal

suman totalizan, hacen un total de

hispanohablantes de habla hispana

residen viven

puesto de manifiesto reflejado

hacen que sea lo convierten en

sesión inaugural sesión que abre el congreso

por ello por esa razón

metas objetivos

señaló indicó

vínculo de unión punto común, unidad

advirtió informó

se aprovecha utiliza, explota

apeló se refirió

variantes variaciones

Y TÚ, ¿CÓMO LO VES?

1 ¿Te gusta aprender español? ¿Hablas otras lenguas? ¿Es importante saber idiomas extranjeros?

2 ¿Qué métodos empleas para mejorar tus conocimientos de un idioma? ¿Qué resultado tienen?

  a leer revistas, periódicos, novelas
  b ver la televisión, películas, vídeos
  c visitar el país de vacaciones
  d hacer un curso en el país

3 La *Real Academia de la Lengua Española* es una institución que establece las reglas (ortografía, gramática, puntuación, léxico...) y el uso correcto del idioma español. ¿Crees que estas instituciones son necesarias? ¿Por qué? ¿Existe una institución similar en tu país?

EN LA ONDA

1 El cine, la literatura, la pintura, la música. ¿Cuál te parece más importante en la cultura de un país? ¿Cuál prefieres tú?

2 Lee la información.

A ¿Podrías relacionar los datos de cada autor correctamente?

B ¿Cuáles de esas novelas han sido adaptadas al cine? ¿Las conoces?

AUTORES
Laura Esquivel
Isabel Allende
Gabriel García Márquez

NOVELAS
1 *Crónica de una muerte anunciada*
2 *Como agua para chocolate*
3 *La casa de los espíritus*
4 *Cien años de soledad*
5 *Eva Luna*
6 *La ley del amor*

PAÍSES
a Colombia
b Chile
c México

3 Escucha la conversación de tres estudiantes durante un descanso. Luego escoge la frase más apropiada.

A Los estudiantes hablan de
a sus estudios.
b un autor literario.

B El realismo mágico consiste en
a mezclar realidad y fantasía.
b escribir historias reales.

C *Crónica de una muerte anunciada* está basada en
a un hecho real ocurrido en Colombia.
b una película.

D El protagonista, Santiago Nasar, era
a joven y delgado.
b de pelo rizado y rubio.

¡TIENES LA PALABRA!

1 En parejas escoge uno de estos papeles. Utiliza la información del folleto de la *Academia Cervantes*.

Director de estudios

Entrevistas a un estudiante interesado en tu academia. Pregúntale desde cuándo estudia español y qué necesita (cuántas horas, actividades culturales, nivel…). Dale información sobre el curso.

Estudiante

Te interesa hacer un curso en la *Academia Cervantes* porque has oído que tiene buena fama. Habla con el director de estudios para obtener información. Explícale qué quieres.

Academia Cervantes

Cursos de Español para Extranjeros
Clases durante todo el año

● Niveles: Inicial, Medio, Avanzado, Superior.
● Horas lectivas: 15/20 horas semanales. Lengua Española (teoría y práctica, composición escrita), Cultura Contemporánea Española/Latinoamericana, Conversación (vocabulario y expresiones coloquiales, debates),
● Opciones (nivel Avanzado y Superior): Literatura Española, Historia Española/Latinoamericana, Español Comercial, Arte español e Hispanoamericano, Costumbres y Tradiciones.

Máximo 10 alumnos en cada clase.

Amplio programa de actividades de ocio y diversión. Conferencias, películas y vídeos, fiestas, visitas y excursiones con guía. Aulas equipadas con vídeo.

2 Mira la ilustración.

A ¿En qué países se habla español?

B ¿Crees que es un idioma con un rico pasado y un buen futuro? ¿Por qué?

C ¿Tu lengua se habla en otros países? ¿Está influenciada por otras lenguas?

D ¿Qué factores contribuyen a expandir un idioma?

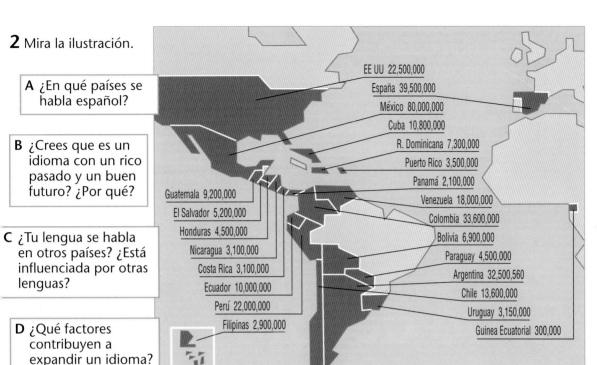

EE UU 22,500,000
España 39,500,000
México 80,000,000
Cuba 10,800,000
R. Dominicana 7,300,000
Puerto Rico 3,500,000
Panamá 2,100,000
Venezuela 18,000,000
Colombia 33,600,000
Bolivia 6,900,000
Paraguay 4,500,000
Argentina 32,500,560
Chile 13,600,000
Uruguay 3,150,000
Guinea Ecuatorial 300,000

Guatemala 9,200,000
El Salvador 5,200,000
Honduras 4,500,000
Nicaragua 3,100,000
Costa Rica 3,100,000
Ecuador 10,000,000
Perú 22,000,000
Filipinas 2,900,000

3 Entre toda la clase comenta tus opiniones sobre estos temas.

¿Los jóvenes inventan sus propias expresiones -a veces incomprensibles para los mayores. ¿Qué o quién influye en el lenguaje de los jóvenes?

¿Influyen los medios de comunicación en la lengua? ¿Cómo?

¿Hay moda también en el lenguaje? ¿Por qué hay expresiones que de repente se ponen de moda?

POR ESCRITO

1 Diseña un folleto en español para promocionar tu lengua y tu cultura en España y Latinoamérica. Menciona las ventajas de aprenderla, visitar tu país y convivir con una familia/otros estudiantes.

2 Haz una lista de los aspectos fáciles y difíciles de aprender una lengua extranjera. ¿Qué ventajas tiene hablar idiomas?

3 Escribe la biografía de un escritor hispano o de tu país.

Ejemplo

Gabriel García Márquez nació en 1928 en el pueblito de Arataca, en la costa atlántica de Colombia. Se crió con sus abuelos maternos. Su abuelo era coronel y fue la persona más importante en su vida. Durante años trabajó como periodista y vivió en diferentes ciudades, como corresponsal. Su primera novela, **La Hojarasca**, fue publicada en 1955. Pero fue **Cien años de soledad** (1967) la novela que le hizo famoso. En 1982...

11

PUNTO DE MIRA

Clasifica los siguientes deportes en estas tres categorías.

a Actividades acuáticas
b Actividades aéreas
c Actividades terrestres

hípica
senderismo
rafting
ala delta
escalada

bicicleta
puenting
piragüismo
submarinismo
parapente

surf
tenis
vuelo sin motor
descenso de cañones
baloncesto

ciclismo extremo
caída libre
esquí
windsurf
vela

Hay gente que busca emociones fuertes en el deporte. Lee este artículo para saber más sobre las nuevas modalidades deportivas.

El río del oro

Para los habitantes de Sort, un pueblecito en la comarca de Pallars (Pirineo leridano), su río Noguera Pallaresa sólo era idóneo para pescar. Sin embargo, en poco tiempo, nacía uno de los mejores paraísos en Europa para la práctica de los deportes-aventura, los nuevos deportes, en los cuales el individuo persigue la magia de la sensación. Entre los deportes que se pueden desarrollar en la zona, cuatro conciernen al río: rafting, hydrospeed, kayak y puenting.

El rafting es la actividad reina. Consiste en bajar la corriente sobre una lancha neumática y deslizarse sobre los rápidos. Por razones de seguridad, la lancha debe ser muy resistente, y no deben embarcarse más de ocho personas.

Para practicar el rafting es obligatorio el uso de casco y chaleco salvavidas, y para evitar ser catapultados al exterior, los tripulantes se sujetan con los pies a unas agarraderas llamadas *straps*.

En el hydrospeed, una sola persona se tumba sobre un flotador hidrodinámico con dos asas y se lanza rápidos abajo. Hay que ponerse salvavidas, casco y aletas, y agarrarse fuerte.

El kayak es el más tradicional de los deportes del río, pero también uno de los más espectaculares. Exige una enorme técnica. Fueron los esquimales los primeros en inventarlo, y los ingleses, los encargados de importarlo al Viejo Continente. Desde las antiguas piraguas de cuero hasta hoy, el kayak ha sufrido una enorme evolución. Ya no son un medio de transporte, sino una excusa para hacer deporte y experimentar el sabor de la aventura.

Si para alguno toda esta actividad no es suficiente, siempre podrá tirarse desde un puente. Atado, por supuesto. El puenting, controlado por monitores, no implica ningún peligro, pero sí una gran emoción.

Sort se ha convertido en la meca del aventurero, del buscador de emociones, y de todo aquel que quiere escapar a la rutina para descargar ese exceso de adrenalina acumulada.

¿LO HAS ENTENDIDO?

1 ¿Verdadero o falso? Lee estas frases y corrige la información incorrecta.

A El número de personas es importante para practicar el rafting.

B Los esquimales inventaron el hydrospeed.

C Los antiguos kayaks eran de madera.

D Los ingleses viajaron al Viejo Continente en kayak.

2 ¿Cuáles de los deportes mencionados se practican en grupo y cuáles de forma individual?

3 ¿Qué tienen en común los nuevos deportes?

4 ¿Cuáles piensas que tienen más riesgo?

5 ¿Qué busca la gente que practica estos deportes?

TOMA NOTA

Fíjate en las construcciones.

Se usan con el infinitivo		Se usan con el sustantivo	
debe *hay que* *es obligatorio*	*usar*	*es necesario* *es obligatorio* *exige*	*el uso de*

Debe, hay que, es obligatorio, es necesario y ***exige*** son construcciones que indican obligación. Búscalas en *El río del oro*. ¿Conoces otras construcciones similares?

1 ¿Verdadero o falso? Lee las frases. Corrige la información falsa, usando otras estructuras que indican obligación.

Ejemplo

*Para mantenerse en forma **hace falta** comer chocolate.*

*Falso. **No hay que** comer chocolate.*
***Es necesario** hacer ejercicio.*

A Es necesario tener 15 años para votar.

B Es obligatorio el uso del cinturón de seguridad para conducir.

C Para aprobar los exámenes no hace falta estudiar.

D El rafting no exige el uso de chaleco salvavidas.

E Para esquiar bien hace falta practicar mucho.

AMPLÍA TU VOCABULARIO

comarca territorio, provincia
idóneo ideal
persigue intenta obtener
lancha embarcación
deslizarse descender
se tumba se pone boca abajo
agarrarse sujetarse
exige necesita
encargados responsables
Viejo Continente Europa
piraguas canoas
tirarse de lanzarse de
monitores instructores
descargar aliviar

Y TÚ, ¿CÓMO LO VES?

1 ¿Qué buscas en el deporte?

a emoción y aventura
b mejorar tu forma física
c relajarte de las tensiones y divertirte
d nada, no lo practicas

2 ¿Te atraen los deportes de aventura y riesgo? ¿Por qué?

3 ¿Eres una persona activa o sedentaria? Explica lo que haces normalmente en tu tiempo libre.

13

EN LA ONDA

1 Mira la tabla de información. ¿Realizas alguna actividad física? ¿Es adecuada para tu edad?

2 ¿Qué beneficios se obtienen del deporte (a nivel físico y psíquico)? ¿Qué peligros existen?

3 ¿Qué precauciones hay que tomar antes de hacer una actividad fuerte?

AMPLÍA TU VOCABULARIO

aconsejados recomendados
desaconsejados no recomendados

¿Qué actividad física conviene practicar a cada edad?		
Edad	**Deporte/Actividad**	**Efecto**
16-25 años		
Aconsejados:	Cualquiera	En personas sin problemas.
Desaconsejados:	Maratón	Problemas cardiovasculares.
	Squash	
35-45 años		
Aconsejados:	Carrera / Ciclismo	Con práctica no intensiva.
	Natación	Favorable contra las lesiones óseas y musculares.
	Excursionismo	Relajación antiestrés.
Desaconsejados:	Maratón	Posibles problemas
	Squash	cardiovasculares.
45-60 años		
Aconsejados:	Natación	Favorable contra las lesiones óseas y musculares.
	Golf	Relajación antiestrés.
Desaconsejados:	Maratón	Posibles problemas
	Squash	cardiovasculares.
	Bicicleta todo terreno	

4 Escucha a Susana y Enrique que piden información en un club deportivo y responde.

   A ¿Qué es el cicloturismo?

   B ¿Quién puede practicarlo? ¿Es un deporte caro? Explica.

   C ¿Qué es necesario para practicar el hydrospeed?

   D ¿Por qué es un deporte de emoción y riesgo?

5 Escucha la cinta otra vez y responde.

   A Anota todos los beneficios que se obtienen de practicar el cicloturismo.

   B ¿En qué consisten las normas de seguridad del hydrospeed? ¿Por qué son necesarias?

   C ¿Cuál de los dos deportes te atrae más? ¿Por qué? ¿Cuáles son para ti las ventajas y los inconvenientes de ambos deportes?

¡TIENES LA PALABRA!

1 ¿En qué forma física están tus compañeros de clase? Formula las preguntas apropiadas para cada caso y busca a alguien que

- tiene una bicicleta.
- practica la natación.
- es miembro de un gimnasio.
- hace ejercicio regularmente.
- va a clase a pie.
- practica la relajación (yoga, por ejemplo).
- nunca ha fumado.
- corre/hace jogging los fines de semana.
- juega en un equipo (de fútbol, béisbol...).

2 Entrevista a una estrella del deporte. En parejas escoge uno de estos papeles.

Admirador/a

Tu club de fans te da la oportunidad de entrevistar a tu ídolo deportivo. Pregúntale sobre su vida y su carrera profesional (cómo empezó, qué fue lo más duro, sus éxitos...).

Deportista

Eres una famosa estrella del deporte y el ídolo de muchos jóvenes. Habla con tu admirador/a sobre tu vida y tu deporte.

RIESGO MUY ALTO

3 Algunos deportes como el salto base (salto al vacío y apertura manual del paracaídas) están prohibidos en algunos países por su alto riesgo; pueden resultar en la muerte del deportista. ¿Crees que merece la pena jugarse la vida por un deporte? ¿Deporte y riesgo van siempre unidos? ¿Existe algún deporte sin riesgo? ¿Por qué hay tanto interés por estas actividades? Entre toda la clase comenta tus opiniones.

POR ESCRITO

1 Escribe una lista de normas utilizando las expresiones de obligación
   a para los usuarios de una piscina.
   b para los usuarios de una biblioteca.

2 Diseña un póster para promocionar el deporte. Piensa en un lema o frase para tu campaña.

3 ¿Has practicado alguna vez un deporte de riesgo o aventura? ¿Dónde y cómo fue? ¿Qué sensaciones tuviste? ¿Lo harías otra vez? Escribe sobre la experiencia. (100-200 palabras)

PUNTO DE MIRA

Observa el cómic. ¿Qué hace Pilar cuando está en el bar? ¿Crees que tiene una adicción? A su amiga le gusta beber café. ¿Tiene un problema de dependencia? ¿Por qué?

¿Por qué hay tantos jóvenes atrapados por el alcohol? Lee la carta de esta chica dirigida al consultorio del psicólogo Bernabé Tierno.

Vivir para beber

BERNABÉ TIERNO

"Necesito beber. No concibo un fin de semana sin el alcohol. Me preocupa sentirme dependiente de él. Nada puedo hacer por detenerme. Sé que personas como yo hay muchas y no sabemos ayudarnos porque resulta más fácil ocultarnos tras la borrachera de cada sábado y lamentarnos el día después. Bebo desde que tenía dieciséis años y bebo cualquier cosa que sea capaz de desinhibirme y de olvidarme de mi timidez. Ahora tengo veinticinco años y conozco perfectamente los efectos letales que este odioso líquido causa en mi cerebro y, aún así, continúo. La mayoría de los jóvenes de mi edad bebe. Todo podría quedar aquí si no fuera por esas famosas drogas de diseño. Me habían hablado tanto y tan bien de ellas que pensé probarlas. Lo peor de todo es que el efecto me ha gustado. Sé que destrozan mi cuerpo y mi cerebro. Por supuesto, mis padres no saben nada, pero me gustaría decírselo y que me ayudaran. Tengo mucho miedo y necesito ayuda. He perdido el control sobre mí misma. Los días de fiesta me domina el impulso animal y puedo hacer y decir cosas que los lunes, martes, miércoles y jueves no diría ni haría. Dedique su respuesta a los chicos y chicas que, como yo, vivimos para beber".

¿LO HAS ENTENDIDO?

1 ¿Qué problema tiene esta chica?

2 ¿Por qué razones bebe?

3 ¿Cómo se siente? ¿Es consciente de los peligros?

4 ¿Conocen sus padres la situación?

5 ¿En qué tono está escrita esta carta?

    a triste   **b** optimista   **c** desesperado

TOMA NOTA

Fíjate en estas palabras.

drog**adicto**	trabajo**adicto**	tele**adicto**
cocainó**mano**	heroinó**mano**	toxicó**mano**
meló**mano**	mitó**mano**	cleptó**mano**

Un *adicto* es una persona que tiene un problema de dependencia física y psicológica de algo. Esta palabra también se puede añadir a otras. La terminación *-mano* indica adicción o afición exagerada por algo. ¿Qué significan las palabras de arriba? Escribe una frase con cada una.

Completa estas frases con la palabra correcta. Utiliza las expresiones de arriba.

A Carlos tiene la colección completa de todas las óperas famosas del mundo. Es un auténtico _____ .

B Los _____ pueden contagiarse enfermedades por el intercambio de jeringuillas.

C En mi clase había una chica que era _____ . Siempre nos faltaban cosas de las bolsas.

D Le ingresaron en un centro de rehabilitación para _____ . Consumía drogas desde pequeño.

AMPLÍA TU VOCABULARIO

estás colgada estás obsesionada
las tragaperras las máquinas de juego
sin enterarse inconscientemente
concibo entiendo
ocultarnos refugiarnos
tras detrás de
borrachera resultado de beber alcohol en exceso
desinhibirme perder las inhibiciones
timidez falta de seguridad en uno mismo
letales mortales
odioso malo
aún así sin embargo, a pesar de todo
drogas de diseño drogas sintéticas como el *speed*
destrozan destruyen, causan daño
cerebro órgano central del sistema nervioso
por supuesto claro
los días de fiesta los fines de semana

Y TÚ, ¿CÓMO LO VES?

1 En tu país, ¿hay mucho consumo de bebidas alcohólicas entre los jóvenes? Cuando estás con amigos, ¿hay más presión para beber, fumar o, incluso, hacer cosas que no harías normalmente?

2 Beber alcohol es un hábito normal y aceptado en nuestra sociedad. Mira la tabla. ¿Cuáles son los motivos para consumirlo?

Motivos para consumir alcohol
- para relajarse de las tensiones
- para estar más alegre y estimularse
- para vencer la timidez
- para celebrar algo
- por costumbre
- para acompañar la comida

EN LA ONDA

1 Entre toda la clase decide cuáles de estas cosas pueden causar obsesión
o dependencia y discute los motivos y consecuencias.

OBSESIONES

compras – alcohol – videojuegos – televisión – moda – chocolate – tabaco
teléfono – dieta – trabajo – deporte – lotería – ordenador – ídolos musicales

POSIBLES CAUSAS

problemas laborales o familiares – falta de autoestima – por timidez
falta de estímulos en la vida – personalidad inmadura – por costumbre
para sentirse parte del grupo – miedo a estar solo – para divertirse

CONSECUENCIAS

problemas económicos, deudas – problemas de salud – ruptura familiar
problemas en las relaciones personales – soledad – falta de vida social

2 Escucha esta charla informativa en un colegio con motivo de la celebración
del *Día Mundial Contra La Droga* y responde a las preguntas.

A ¿Qué es *Proyecto Hombre*?

B ¿Qué efectos tienen las drogas de laboratorio?

C ¿Cómo pueden ayudar los padres para que sus hijos no tengan graves
problemas con la droga?

D ¿Para qué es el número 900 16 15 15?

¡TIENES LA PALABRA!

1 A ¿A quién va dirigida la publicidad de alcohol y
tabaco? ¿Debería prohibirse?

B ¿Qué modelos o imágenes de comportamiento
ofrecen la publicidad, los medios de
comunicación y el cine? ¿Qué impacto tienen
estas imágenes en los jóvenes?

2 Entre toda la clase defiende tu opinión a favor o en contra.
Utiliza la información del recuadro para justificarte.

¿Beber o no beber?

- El alcohol es la primera droga legalizada.
- El alcohol provoca la mitad de los accidentes de tráfico.
- Si un joven consume alcohol sólo los fines de semana puede llegar a convertirse en un adicto.
- El abuso del alcohol daña el hígado, el corazón, el cerebro y el riñón, y causa graves enfermedades como la hepatitis y la cirrosis.

- El vino es el alcohol más recomendable. Tomado con moderación mejora la digestión y eleva el colesterol bueno.
- Beber es un acto social que reúne a la gente.
- Los jóvenes beben para ser adultos.
- Beber puede formar parte de una vida sana si se hace de forma inteligente.
- Mucha gente bebe para evadirse de sus problemas.

3 En grupos de tres escoge uno de estos papeles.

PiliPropper

Tienes la necesidad compulsiva de comprar cosas innecesarias y gastar dinero. Al principio ibas de compras para aliviar tus tensiones y frustraciones, pero ahora se ha convertido en una obsesión. Habla con tus amigos para contarles lo que te pasa.

Víctor

Te gusta jugar a las máquinas tragaperras. No puedes resistirlo. También juegas a la lotería y al bingo. Gastas mucho dinero en estas aficiones y eso te preocupa. Habla con tus compañeros.

Sara

Habla con tus amigos de sus problemas y ofréceles consejos.

《Estas expresiones te ayudarán》

Buscar ayuda profesional
Descubrir el origen de la necesidad
Reflexionar antes de comprar algo
Evitar la tentación
No llevar dinero en el bolsillo

POR ESCRITO

1 Son las fiestas de Navidad y hay muchas celebraciones. Elabora un folleto para prevenir a la gente de las posibles consecuencias de beber, comprar y comer en exceso.

2 Escribe una respuesta a la chica que tiene problemas con la bebida y las drogas de diseño. Ofrécele consejos sobre lo que puede hacer. (150 palabras)

3 ¿Es el fin de semana una excusa para beber alcohol en exceso? Describe cómo se divierten los jóvenes en tu país. (250 palabras)

PUNTO DE MIRA

1 ¿Cuáles son tus programas favoritos en la televisión?

2 ¿Cuántos canales de televisión hay en tu país? ¿Son públicos, privados/comerciales o de pago?

> Las telenovelas gozan de una enorme popularidad en toda Latinoamérica. Lee este artículo sobre una nueva idea para hacer novelas.

Te sigo amando
el debut de un *talk show* en las telenovelas

La telenovela *Te Sigo Amando* no es una historia de amor cualquiera. Su productora Carla Estrada decidió incluir en la trama al Show de Cristina. "Escogí a Cristina porque es una mujer muy talentosa, trabajadora e inteligente, con un gran dominio de su profesión y del público. Los personajes de la vida real le dan más veracidad a la historia. Resulta muy atractivo ver cómo se mezclan los personajes con ella y con su público".

Te Sigo Amando cuenta la historia de un apasionado triángulo amoroso cuyo vértice es *Yulissa*. A ella se la disputan *Ignacio Aguirre*, un rico hacendado, y *Luis Ángel*, un prestigioso médico.

En la historia, el Show de Cristina realiza un programa en el que interviene *Luis Ángel*. Al aparecer él en televisión, la trama da un vuelco total para la protagonista.

"Me encantó trabajar en esta telenovela", aseguró Cristina. "Ahora admiro mucho más a los artistas que entrevisto porque me di cuenta de que la perfección con que se realizan las novelas, repitiendo escenas y cuidando hasta el último detalle, requiere de personas muy profesionales. Siempre he pensado que las novelas, como mi programa, son un reflejo de la vida real y qué bueno que ambos factores ahora se junten en *Te Sigo Amando*".

¿Será un *Talk Show* la próxima trama de una novela de Carla Estrada? "No se me había ocurrido", dice Carla. "Creo que es una magnífica idea; con la cantidad de historias que nos cuentan los entrevistados se podría hacer mil historias".

¿LO HAS ENTENDIDO?

1 ¿Quién es Carla Estrada?

2 ¿Cuál es la historia de *Te Sigo Amando* y quiénes son sus principales protagonistas?

3 ¿Qué efecto tiene la intervención de *Luis Ángel* en el Show de Cristina?

4 ¿Qué opina Cristina de las telenovelas y de los *talk shows*?

TOMA NOTA

Fíjate en estas palabras.

Palabras compuestas		
*tele*audiencia	*corta*uñas	*saca*corchos
*tele*vidente	*abre*botellas	*guarda*espaldas

Las palabras compuestas se pueden formar:

Por fusión: *compra*venta (sustantivo + sustantivo)   *pelir*rojo (nombre + adjetivo)
*media*noche (adjetivo + nombre)   *pasa*tiempo (verbo + nombre).

Por unión: *hombre* rana (sustantivo + sustantivo). El plural en estos casos afecta sólo a la primera palabra (*los hombres rana*).

1 ¿Qué significan las palabras del recuadro? Escribe una frase con cada una.

2 Relaciona los elementos de las dos columnas para formar palabras compuestas. Después completa las frases con las palabras apropiadas.

saca	calle
rasca	puntas
sofá	día
medio	equipajes
boca	cielos
porta	cama

A Este _____ tiene cincuenta pisos.
B He puesto las maletas en el _____ .
C Mi lápiz no tiene punta. ¿Tienes un _____ ?
D En el salón tenemos un _____ .
E Se levantó más tarde del _____ .
F El semáforo está en la siguiente _____ .

AMPLÍA TU VOCABULARIO

trama historia de una novela/película
dominio conocimiento profundo
le dan más veracidad parecen más reales
resulta es
vértice ángulo
se la disputan compiten entre los dos para obtenerla
hacendado que tiene fincas o haciendas
interviene participa
da un vuelco total cambia completamente
protagonista personaje principal
me di cuenta noté
se junten se unan
no se me había ocurrido no lo había pensado
cantidad número

Y TÚ, ¿CÓMO LO VES?

1 ¿Cuántas horas al día ves la televisión? ¿Podrías vivir sin verla? ¿Te roba tiempo para hacer otras cosas? ¿En qué actividades utilizarías el tiempo?

2 ¿Qué tipo de programas gozan de popularidad en tu país? ¿A quién van dirigidos? ¿Cuáles son las series de máxima audiencia? ¿Por qué crees que tienen tanto éxito?

3 En un *talk show* el público participa y cuenta sus intimidades y vivencias. ¿Por qué le gusta a la gente ver y participar en estos programas? ¿Te gustaría aparecer en televisión? ¿Por qué?

4 ¿Crees como Cristina que la televisión refleja la vida real o al revés?

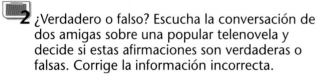

EN LA ONDA

1 Muchas teleseries alcanzan tanta popularidad que crean una moda y un estilo a imitar. ¿Cuáles son las series o personajes más imitados en tu país? ¿Influye la televisión en la vida de la gente? ¿Qué personas son más vulnerables a esta influencia? ¿Es el mundo como lo vemos en la televisión? ¿Qué trucos emplean las cadenas para atraer o mantener los niveles de audiencia?

2 ¿Verdadero o falso? Escucha la conversación de dos amigas sobre una popular telenovela y decide si estas afirmaciones son verdaderas o falsas. Corrige la información incorrecta.

A A Lidia le encanta *Enamorada*.

B La telenovela tiene un índice de audiencia muy bajo.

C Rosaura conoce muy bien la trama.

D Los protagonistas son Angela, Roberto y Juan Enrique.

E Angela no tiene padres.

F Uno de los galanes trabaja de guardaespaldas.

G Algunas chicas se visten y peinan como Angela.

H Los telespectadores ven su vida reflejada en las historias de las telenovelas.

¡TIENES LA PALABRA!

1 A Mira los diferentes programas televisivos. ¿Cuáles prefieres ver y por qué?

B Observa la programación televisiva. En grupos de tres decide a qué tipo de programa corresponde cada uno y a qué público van dirigidos (infantil, juvenil, adulto). Explica por qué.

C Entre toda la clase discute qué ventajas e inconvenientes ofrece la televisión para
   a los niños
   b los jóvenes
   c los adultos
   d los ancianos

TIPOS DE PROGRAMAS
telecomedias y teleseries – dibujos animados
debates públicos (*talk shows*) – infantiles
documentales – películas – culturales
concursos – deportes – informativos

PROGRAMACIÓN   *sábado 4 de mayo*

CANAL 2

11.00 Barrio Sésamo
12.30 Club Infantil: *Batman, Aventuras del joven D´Artagnan*
13.30 El equipo A. Serie de acción
14.30 Lingo. Programa concurso
15.00 Noticias
15.30 National Geographic: *Viajes por la naturaleza*
16.30 Tarde de cine
18.00 El programa de Ana. Tema a debate: la lotería
19.00 Cosas de casa. Comedia familiar
20.00 Campeonato de Atletismo

2 Observa y lee la historieta y luego contesta a las preguntas.

A La televisión por sí sola no genera violencia pero, ¿qué efecto tiene contemplar actos violentos día tras día? ¿Crees que la gente puede volverse más violenta por ello?

B ¿Qué efecto provoca la violencia en la tele en ti y en las personas que te rodean?

C En tu país, ¿los padres ejercen un estricto control sobre los programas que ven sus hijos?

D Si encuentras algo ofensivo en la tele, ¿dónde y cómo puedes quejarte?

E ¿La televisión influye en la cultura? Se dice que las generaciones más jóvenes pertenecen a la cultura audiovisual. ¿Qué significa esto?

3 Entre toda la clase comenta tus opiniones sobre estos temas.

Con la televisión interactiva será posible elegir personalmente la programación, participar en concursos televisivos desde casa e incluso hacer compras. ¿Cuál de estas opciones te atrae más? ¿Te parece un invento positivo o negativo?

¿Es la televisión motivo de discusiones familiares? ¿Crees que contribuye a la armonía o, por el contrario, destruye el diálogo y separa a la familia? ¿Crees que la televisión sirve para unir socialmente a las personas?

POR ESCRITO

1 En grupos de tres imagina una escena típica de telenovela. Prepara y escribe el diálogo de cada personaje y representa la escena en clase al día siguiente. (250-300 palabras)

2 Escribe sobre tus programas y series favoritas de televisión. Explica por qué te gustan. (200 palabras)

3 La televisión, ¿enseña o divierte? (250 palabras)

PUNTO DE MIRA

1 Hace más de un siglo la invención del teléfono revolucionó la forma de comunicarse de las personas. ¿Puedes nombrar otros inventos que han facilitado la comunicación en el planeta?

2 ¿Estás preparado/a para la nueva era de la información? ¿Utilizas normalmente el ordenador para

- **a** jugar solamente?
- **b** trabajar/estudiar?
- **c** comunicarte con otras personas?

La unión del teléfono y el ordenador ha abierto el camino a las autopistas de la información. Lee el artículo para saber más sobre este apasionante tema.

Un océano baña la puerta de todas nuestras casas. Contiene peces grandes y pequeños, algas y también tesoros. Además es un océano mágico; todos sus habitantes están a la misma distancia: al alcance de la mano. Y otra maravilla más: nadie puede agotar sus recursos.

El océano es la Internet, su localización: al otro lado de nuestros aparatos telefónicos, sus habitantes: palabras, sonidos, imágenes, datos. ¿Quién los ha puesto allí?: cualquiera. ¿Quién los puede coger?: cualquiera. ¿Qué utilidad tienen?: depende de cada uno. ¿Cuánto cuesta coger alguna cosa?: nada, lo que cuesta es el acceso. ¿Quién manda en la Internet? Nadie. ¿Y cómo es posible que exista algo así en nuestro mundo?

¿Qué contiene la Internet? Imaginemos un tablón de anuncios gigantesco y abierto a todos. Las instituciones oficiales lo utilizan para difundir sus puntos de vista; las empresas, para darse a conocer; las universidades, para proyectar su enseñanza; los jóvenes, para ponerse en contacto; los coleccionistas, para localizar a otros; los artistas, para exhibir su obra; los ociosos, para divertirse; los trabajadores, para trabajar; los vendedores, para vender; los consumidores, para comprar; los ladrones, para robar a unos y a otros. Como en la vida misma.

Una de las características de este universo electrónico es que está lleno de conversaciones y contactos. Aparte del correo electrónico, hay programas de charla, grupos de noticias para gente que comparte una afición, foros y debates.

¿Cuál es el futuro de este mundo sorprendente? Por el momento, la Internet ha aumentado la comunicación entre los habitantes del planeta, pero también el ruido; ha aumentado el conocimiento, pero también los peligros. Este mundo abierto, anárquico, ilimitado, es el mundo del futuro.

¿LO HAS ENTENDIDO?

¿Verdadero o falso? Lee estas frases y corrige la información incorrecta.

A A la red de Internet se accede a través del teléfono.

B En Internet hay gran cantidad de información: no existe un tema tabú.

C Sólo pueden utilizarlo las instituciones.

D La filosofía de la red es compartir el conocimiento.

E Con Internet hay menos comunicación entre las personas.

F Todo lo que circula por la red está perfectamente controlado.

TOMA NOTA

Fíjate en estas palabras.

> *¿Qué? ¿Quién? ¿Cómo? ¿Cuál? ¿Cuánto?*

Las palabras de arriba son pronombres interrogativos. Sirven para formular preguntas. Busca los ejemplos en el artículo y escríbelos.

¡Atención! *¿Cuál?* + *ser* es para pedir información específica cuando hay varias posibilidades. *¿Qué?* + *ser* se utiliza cuando necesitamos una definición.

1 Formula las preguntas de estas afirmaciones.

Ejemplo
Hay **dos horas** de viaje.
*¿**Cuánto** tiempo hay de viaje?*

A Ha venido **María**.

B El accidente fue **a causa de la lluvia**.

C Me gustó más **la primera**.

D Viajé a Francia **en avión**.

E Tengo **cinco mil pesetas**.

2 Lee la información sobre Perú. Utiliza los pronombres interrogativos para formular preguntas.

Capital: Lima

Población: seis millones de habitantes

Moneda: nuevo sol

Idioma: español (oficial) y lenguas autóctonas (quechua y aymará)

Plato típico: cebiche (pescado crudo con limón verde y cebolla)

AMPLÍA TU VOCABULARIO

algas plantas marinas
tesoros riquezas, cosas de gran valor
al alcance de cerca
agotar terminar
recursos materiales
cualquiera cualquier persona
difundir extender
puntos de vista opiniones
darse a conocer hacer publicidad
localizar encontrar
ociosos los que tienen mucho tiempo libre
programas de charla grupos de conversación
afición pasatiempo, interés
ilimitado sin límite

Y TÚ, ¿CÓMO LO VES?

1 Lee otra vez el último párrafo del artículo. ¿Estás de acuerdo con las conclusiones del autor? Razona tu respuesta.

2 En tu opinión, ¿qué beneficios se obtienen de utilizar los ordenadores y la red Internet en los centros educativos/en el lugar de trabajo? Haz una lista.

3 El tener acceso a cantidades increíbles de información, ¿cómo está cambiando nuestra vida, nuestra forma de aprender y de trabajar? Da ejemplos concretos.

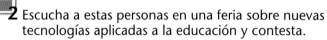

EN LA ONDA

1 ¿Crees que en el siglo XXI en los colegios los ordenadores
   a se utilizarán para enseñar informática solamente?
   b sustituirán a los profesores?
   c se utilizarán como complemento de los profesores
   para aprender ciencias, idiomas, arte...?

2 Escucha a estas personas en una feria sobre nuevas
tecnologías aplicadas a la educación y contesta.
   A Nombra al menos cuatro de las tecnologías
   mencionadas.
   B ¿Por qué es importante conocer bien la red
   Internet?
   C ¿Qué ventajas ofrece Internet a sus usuarios?

3 Escucha la cinta otra vez y responde.
   A ¿Cómo son las nuevas tecnologías?
   B ¿Qué opina el estudiante de los nuevos métodos?
   C ¿Qué puedes hacer si estás conectado a Internet?

¡TIENES LA PALABRA!

1 Aquí tienes una lista de algunos de los inventos
de nuestra era. En grupos comenta tus opiniones
sobre estos temas.

- el walkman
- la videocámara
- el fax
- el telemando
- el horno microondas
- el compac-disc

el computador
portátil

el vídeo doméstico

el teléfono móvil

¿Eres esclavo de los aparatos? ¿Podrías vivir sin ellos? ¿Te parecen positivos o negativos?

¿Cuáles utilizas diariamente? ¿Dónde y para qué los utilizas?

2 En la tienda de informática. En parejas escoge uno de estos papeles.

Cliente

Has oído hablar de las maravillas de estar conectado a la red. Te interesa recibir más información porque estás pensando en comprarte un ordenador. Infórmate sobre todo lo que necesitas y qué beneficios obtendrás.

Vendedor/a

Te encanta todo lo relacionado con los ordenadores. Gracias a la red Internet estás siempre al día de todo lo que pasa en el mundo. Aconseja a tu pareja sobre el tema: el tipo de ordenador que necesita, los programas, el coste, las ventajas, etc.

《 **Estas expresiones te ayudarán** 》

Conectarse a la red
Acceder a información
Navegar por el ciberespacio
El cibernauta
El correo electrónico

3 Aquí tienes diversas opiniones de personas que participaron en el debate *"Internet, ¿un bien o una maldición?"* impulsado por *El País digital*. Trabaja en grupos. Cada uno debe analizar las implicaciones de una de las opiniones. ¿Están todos de acuerdo con lo que en ellas se dice? Explica tus ideas al resto de la clase.

> **Encontrar exactamente la información que nos interesa es a veces bastante difícil por la cantidad de datos inútiles que hay.**

Fernando Celorrio, Valladolid (España)

> **Internet es un consuelo para los solitarios, un juguete para los tecnológicos, un instrumento de formidable utilidad para los escritores, los artistas y los niños.**

Vicente Verdú. Escritor y periodista español

> **Internet contribuye a acrecentar las diferencias y desigualdades entre ciudadanos de un mismo país, y habitantes de un mismo planeta. Entre inforricos e infopobres.**

Ignacio Ramonet. Profesor de teoría de la Comunicación. Universidad de París VII

POR ESCRITO

1 Escribe una lista de las cosas que haces (o te gustaría hacer) con el ordenador y otra de las cosas para las que utilizas (o te gustaría utilizar) la red Internet.

2 Describe cómo ha cambiado la forma de aprender en las escuelas. ¿Qué ventajas tiene utilizar el ordenador en el colegio, en casa o en el trabajo?

3 El teléfono, el fax, el móvil, el correo electrónico, la red Internet, la televisión por cable y por satélite.... Explica de qué forma estos adelantos tecnológicos han mejorado la comunicación entre las personas y el acceso a la información. ¿Cómo han cambiado nuestros hábitos?

PUNTO DE MIRA

¿Los hombres y las mujeres son diferentes

a emocionalmente?

b intelectualmente?

Razona tu respuesta.

> Las mujeres tienen cada vez más participación en la política. Lee este artículo sobre una persona muy admirada en Venezuela.

Irene Sáez Conde

EX MISS UNIVERSO SUEÑA SER PRESIDENTA

Irene Sáez es graduada en Ciencias políticas.
Habla español e inglés.
Desde que está al frente del Ayuntamiento de Chacao, ha conseguido reducir los delitos en más de un 50%.

La ex Miss Venezuela y Miss Universo 1981, Irene Sáez Conde, convertida en política, no sólo se contenta con tener el cargo de alcaldesa de Chacao, sino que ahora se está preparando para ser candidata a presidenta de su país.

Guapa y culta, Sáez de 36 años se mantiene tan esplendorosa como cuando obtuvo el mayor título de belleza mundial.

A diferencia de muchas otras ex reinas venezolanas que se valieron de su corona para saltar a la fama como modelos, actrices o empresarias de la moda, esta joven llevó su carisma hasta las masas populares para incursionar en el campo político.

La ambición de Sáez no fue entrar al cine, ni a la televisión y se negó a las ofertas que le hicieron firmas comerciales, directores y productores, aunque le prometían buenos sueldos.

Desde 1993 asumió la dirección del municipio de Chacao, uno de los más ricos de Venezuela, y ahora cuenta con el respaldo de la ciudadanía que reconoce que ha contribuido aún más al engrandecimiento de esa ciudad.

En Chacao es un personaje querido y en el resto de Venezuela es una de las figuras más distinguidas y tomadas en cuenta en el plano político.

Pero Sáez también tiene opositores que critican su línea de trabajo porque dicen que no está capacitada para estar al mando de una nación con tantos problemas, sobre todo de tipo sociales y económicos.

Otros de los reclamos que sus contrarios le hacen a la ex Miss Universo, es que todo lo que ha logrado hasta el momento en la política, ha sido posible sólo por su hermosa y dulce imagen de mujer, que encanta al público.

A Sáez no le interesa demasiado lo que piensan sus contrarios y ahora está preocupada pensando qué cosas le convienen para preparar su plataforma política hacia la primera magistratura de Venezuela.

¿LO HAS ENTENDIDO?

1 ¿Quién es Irene Sáez? ¿Qué espera ser en el futuro?

2 ¿Qué diferencia a Irene Sáez de otras reinas de belleza?

3 ¿Qué opinión tiene el público de su trabajo como alcaldesa?

4 ¿Con qué tipo de problemas se enfrentará si llega a la presidencia de Venezuela?

TOMA NOTA

Fíjate en estas frases del texto.

> *"...se **valieron de** su corona para saltar a la fama...".*
>
> *"...se **negó a** las ofertas que le hicieron las firmas comerciales...".*
>
> *"...ahora **cuenta con** el respaldo de la ciudadanía...".*

Estos verbos necesitan ciertas preposiciones para formar una frase.

Completa estas frases utilizando la preposición apropiada.

por	de	con	en

A No dejaré _____ hacer deporte cada día.

B Ha vendido su casa _____ bastantes millones.

C Se ha convertido _____ el candidato ideal para el puesto.

D Enrique soñó _____ el puesto de director de su empresa.

E No gasto mucho dinero _____ comprar ropa.

F ¿ _____ qué piensas?

G Me encontré _____ Alicia en la fiesta.

H No sale _____ casa desde que tuvo el accidente.

I El ladrón entró _____ la parte de atrás.

J Vamos _____ vacaciones a la playa.

AMPLÍA TU VOCABULARIO

está al frente del está al mando del
el cargo la posición, el puesto
alcaldesa primera autoridad política de un municipio
culta con estudios y cultura
se valieron de utilizaron
saltar a la fama hacerse famosas
incursionar introducirse
campo área
se negó a declinó
sueldos dinero, salarios
cuenta con tiene
respaldo apoyo
ciudadanía el conjunto de ciudadanos
capacitada preparada

Y TÚ, ¿CÓMO LO VES?

1 ¿Crees que Irene Sáez sería un buen líder para Venezuela? ¿Por qué?

2 ¿Son necesarios los líderes? ¿Quiénes son los principales líderes en tu país? ¿Qué opinas de ellos?

3 ¿Quiénes son las mujeres más importantes/famosas en tu país? ¿Qué ocupación tienen? ¿Qué tipo de trabajos desempeñan las mujeres en tu país?

4 ¿Te interesa el mundo de la política? ¿Sigues las campañas electorales en tu país?

EN LA ONDA

1 ¿Cuáles son las profesiones tradicionales para los hombres y las mujeres? Haz una lista para ambos y compáralas. ¿Crees que hay trabajos sólo para hombres o sólo para mujeres? Razona tu respuesta.

Ejemplo

Profesiones para el hombre
- bombero
- soldado

Profesiones para la mujer
- ama de casa
- enfermera

2 Escucha una clase de historia sobre Eva Perón y completa estas frases.

A La familia de Eva era _____ .

B De joven su ambición era ser _____ .

C Con 16 años se fue a _____ .

D Argentina estaba gobernada por _____ .

E Juan Perón era _____ y tenía _____ .

F Eva se identificó con los intereses de la clase _____ .

G Eva llegó a la _____ de la República con tan sólo _____ años.

H Eva fue el ídolo de _____ pero las clases poderosas _____ .

I Como líder de su país impulsó la participación en la política de los _____ y las _____ .

J Murió joven, enferma de _____ y sus funerales fueron _____ .

3 Escucha la información otra vez y anota lo que ocurrió en estas fechas.

| 1919 | 1935 | 1944 | 1945 | 1946 | 1952 |

¡TIENES LA PALABRA!

1 En grupos de tres discute cuáles son las cualidades más importantes de un líder. Ordena esta lista de cualidades por orden de importancia. ¿Son las mujeres mejores líderes que los hombres? ¿Por qué? ¿Quiénes son más organizados?

a carisma y personalidad atrayente

b poder de persuasión y comunicación

c capacidad para resolver conflictos

d capacidad para tomar decisiones

e inspirar respeto/admiración

f poseer conocimientos y sabiduría

g saber hablar en público (elocuencia)

h estar abierto al diálogo

2 Entre toda la clase observa las fotos y lee la información sobre estas mujeres. ¿Crees que reflejan una imagen típica? ¿Por qué?

Cristina Sánchez

Cristina Sánchez, única mujer torera de Europa. Hija de torero, numerosos profesionales de prestigio le ayudaron en su ascensión en un mundo taurino hostil a la presencia femenina. Ha conquistado numerosas plazas de prestigio.

Rigoberta Menchú

Nacida en Guatemala (1959), es líder del movimiento en defensa de los derechos humanos, la paz y los derechos de los pueblos indígenas. En 1992 recibió el Premio Nobel de la Paz, siendo la persona más joven en recibirlo.

=== AMPLÍA TU VOCABULARIO ===

taurino relativo al mundo de los toros
hostil contrario, poco favorable
prestigio gran fama, reputación

3 Entre toda la clase comenta tus opiniones sobre estos temas.

 ¿Quién tiene más capacidad de trabajo, el hombre o la mujer? ¿O eso depende de cada persona y no del sexo? ¿Se valora por igual a la mujer en el trabajo?

 ¿Los hombres y las mujeres son considerados iguales en nuestra sociedad? ¿Existe algún tipo de discriminación contra el hombre o la mujer?

 ¿Qué entiendes por machismo? ¿Hay actitudes machistas hacia las mujeres en tu lugar de estudio/de trabajo...?

POR ESCRITO

1 Haz una lista comparativa de las características que más admiras en un hombre y en una mujer. Haz otra lista de las que detestas. ¿Hay diferencias entre ambos? (150 palabras)

2 Describe a algún líder de tu país. Incluye información sobre su personalidad, sus triunfos profesionales y la opinión pública. (200 palabras)

3 ¿De qué forma han cambiado los papeles tradicionales del hombre y la mujer? ¿Qué logros han obtenido las mujeres de tu país en los últimos 50 años? Explica. (250 palabras)

¿Te gustan los animales? ¿Cuál es tu animal favorito? ¿Por qué? ¿Tienes alguna mascota en casa?

¿Qué derechos tienen los animales? Lee esta curiosa historia que sucedió en Colombia.

'Regalo' se quedará en el Hogar Boyacá

'Regalo' se quedará en casa por solicitud del presidente de la República.

Este macho de tortuga Galápago vive desde hace más de 50 años en el Hogar Boyacá, un albergue de enfermos en el municipio de Agua de Dios (Cundinamarca).

El primer mandatario viajó hasta allí el sábado para visitar al animal. Antes, solicitó al director de la Corporación Autónoma Regional de Cundinamarca (CAR) que cesara las acciones encaminadas a sacarlo del lugar.

Con esto dio por terminada una historia que comenzó hace más de seis meses, cuando la Asociación de Protectores de la Fauna Colombiana (Aprofac) se enteró de que la tortuga vivía en condiciones inadecuadas para su especie, y dio aviso a la CAR.

El día en que ambas entidades visitaron el lugar para llevar a la tortuga al Zoológico de Medellín, los enfermos se resistieron a dejarla ir. Con piedras, y otros artefactos, hicieron una barricada frente a la puerta. "Ella no sale viva de aquí", decían algunos.

Distrajeron a los policías que acompañaban a la autoridad ambiental y bajaron a 'Regalo' del vehículo.

El administrador del Hogar explicó que estaban dispuestos a todo. Le cambiarían la papa y el arroz por verduras frescas y hasta lo sacarían a pasear por el prado.

Según Víctor Vélez, biólogo de la CAR, presenta síntomas de desnutrición y deshidratación. Un biólogo francés experto en reptiles explicó que ni está desnutrida, ni es Galápago, sino una tortuga común. De todos modos, tal parece que permanecerá allí por el resto de su vida, que podría durar entre 300 y 400 años.

¿LO HAS ENTENDIDO?

1 ¿Quién es el protagonista de la disputa entre la CAR y el Hogar Boyacá?

2 ¿Por qué razón quería la CAR sacarlo del albergue?

3 ¿Qué hicieron los enfermos para impedir que se llevaran a 'Regalo'?

4 ¿Qué harán para mejorar las condiciones de vida de la tortuga?

TOMA NOTA

Fíjate en estas frases del texto.

> "Este macho de tortuga Galápago vive **desde hace** más de 50 años...".
> "Con esto dio por terminada una historia que comenzó **hace** más de seis meses".

Desde hace indica duración de tiempo. Se utiliza con sustantivos en plural o numerados.
Hace + periodo de tiempo utilizado con el verbo en pasado indica cuándo tuvo lugar la acción.

1 Completa estas frases con **desde hace** o **hace**.

A Vive en la ciudad _____ tres años.

B Vendimos la casa _____ tres semanas.

C Lidia te llamó por teléfono _____ un momento.

D No veo a mi familia _____ un mes.

Fíjate en esta frase del texto.

> "...**ni** está desnutrida, **ni** es Galápago, sino una tortuga común".

Ni indica negación. Se debe repetir antes de cada elemento de una lista. Cuando va después del verbo éste debe ir en forma negativa.

2 Escribe estas frases en forma negativa.

Ejemplo
Tenemos leche, pan y chocolate.
No tenemos **ni** leche, **ni** pan, **ni** chocolate.

A Teresa es alta y gorda.

B Rosa y Adriana vinieron a la fiesta.

C Raúl puede comer leche, huevos y mantequilla.

AMPLÍA TU VOCABULARIO

por solicitud por petición personal
macho masculino
albergue refugio
municipio provincia
el primer mandatario el presidente
cesara parara
encaminadas a dirigidas a
dio por terminada terminó
se enteró de que tuvo noticias de que
inadecuadas no apropiadas
dio aviso a informó a
ambas las dos
entidades organizaciones
estar dispuesto a estar preparado para
la papa (*Am Lat*) la patata (*Esp*)

Y TÚ, ¿CÓMO LO VES?

1 ¿Qué beneficios tiene la compañía de animales para las personas? ¿Crees que los animales tienen un efecto terapéutico en la gente?

2 A algunas personas tener un animalito en casa les cambia la vida. ¿Para quiénes puede ser beneficioso tener un animal de compañía?

3 ¿Te preocupan los derechos de los animales? ¿Utilizas cosméticos y productos de limpieza no probados con animales? ¿Qué opinas de las personas que tienen animales exóticos como mascotas?

EN LA ONDA

1 Haz una lista de los animales que se pueden tener como mascota.
Explica las ventajas e inconvenientes que presenta cada uno.

Ejemplo **CABALLO**

Ventajas	**Inconvenientes**
Puedes practicar la equitación.	Es muy caro comprarlo y mantenerlo.
Puedes acariciarlo y comunicarte con él.	Necesita atención y cuidados especiales.

2 Escucha estas encuestas a unos jóvenes que hablan de sus mascotas y responde.

A ¿Crees que al chico le gustan los animales? ¿Por qué?

B ¿Cómo cuida el chico de sus perros? ¿Qué adjetivos y frases utiliza para describir su carácter?

C ¿Comparte la chica la misma opinión sobre tener animales en casa? ¿Por qué?

3 En el lenguaje popular hay muchas expresiones que hacen referencia a animales.

Ejemplo
Ser un gallina significa ser un cobarde, no tener suficiente valor.

En parejas mira la lista de animales y completa las expresiones con uno de ellos. ¿Sabrías explicar el significado de estas frases? ¿Conoces otras expresiones de este tipo?

avispa	gato	tortuga	lince	lobo	elefante	lirón	cabra	ostra	gallina

A Ser lento como una _____ .

B Tener vista de _____ .

C Tener memoria de _____ .

D Dormir como un _____ .

E Tener más vidas que un _____ .

F Poner la piel de _____ .

G Aburrirse como una _____ .

H Tener hambre de _____ .

I Tener cintura de _____ .

J Estar más loco que una _____ .

¡TIENES LA PALABRA!

1 Regalar un cachorro de perro como mascota está de moda. Muchos terminan abandonados en las calles a los pocos meses. ¿Por qué crees que ocurre esto? ¿Se abandonan muchos perros en tu país? ¿Qué hacen con ellos? ¿Cómo se podría evitar esto? ¿Hay en tu país alguna organización que defiende los derechos de los animales? ¿Te parecen necesarias este tipo de organizaciones?

2 Lee *Historias de Miguelito*. Luego escoge la frase que mejor resume su contenido.

  a No importa el perro que tengas: todos necesitan los mismos cuidados y atenciones.

  b Tener un perro supone una gran responsabilidad; hay que aceptarla con todas sus consecuencias.

3 ¿Estás de acuerdo con la conclusión de Miguelito? ¿Por qué?

AMPLÍA TU VOCABULARIO

cachorro perro recién nacido
madurito adulto
sensato responsable
enano muy pequeño
imperiosamente urgentemente
amo propietario
vacunas inyecciones

POR ESCRITO

1 Escribe sobre los animales que tienes, cómo son, qué haces para cuidarlos y por qué te gusta tenerlos. (150 palabras)

2 Inventa una historia o un diálogo donde puedas utilizar algunas de las expresiones con animales que has aprendido.

3 Inventa un diálogo entre el dependiente de una tienda de animales y un cliente que quiere comprar una mascota para regalar a una persona mayor. Incluye consejos sobre el tipo de animal apropiado y sus cuidados. (200 palabras)

PUNTO DE MIRA

¿Eres supersticioso/a? ¿Tienes algún amuleto o talismán para atraer la buena suerte?

Cada país tiene sus propias creencias populares. Lee este texto para conocer algunas de la cultura española.

Tocar madera

Explicaciones de sentido común para las supersticiones más famosas

Derramar la sal. La sal es un producto extraído del mar, un mundo desconocido que escapa a nuestro dominio. En algunas zonas existe la creencia de que la sal puede propiciar la fecundidad, pero también puede atraer desastres.

La sal es el símbolo de la amistad. Si se derrama, la amistad se rompe. Para neutralizar este mal augurio basta con echar un poco de sal derramada sobre el hombro izquierdo tres veces.

La palabra salario proviene de la paga que se les daba a los soldados para que compraran la sal, un producto caro y muy escaso.

El viernes y el martes. El viernes es un día con mala reputación en todo el mundo anglosajón por ser el día en que, dicen, murió Cristo. En España, sin embargo, la fecha fatídica se traslada al martes, sobre todo si es 13. El martes, además, está asociado al dios de la guerra, Marte. "El martes, ni te cases ni te embarques", dice el refrán. Ese día tampoco es aconsejable cambiarse de casa o cortarse el pelo y las uñas.

Tocar madera. Es una forma de conjurar maleficios. Siempre que nos jactemos de nuestra buena suerte es recomendable tocar madera, y también cuando queramos que un deseo se realice.

Los árboles eran dioses para los paganos; por tanto, con el gesto de tocar madera nos ponemos bajo su protección.

El trébol de cuatro hojas. Se considera un poderoso amuleto para la persona que lo encuentra. Pero no se debe regalar, ni siquiera se debe enseñar. Puede colocarse entre las hojas de un libro para que se seque, pero también es recomendable llevarlo siempre consigo. Dicen que quien encuentra un trébol de cuatro hojas encontrará pronto el amor. Cuenta la leyenda que Eva, al ser expulsada del paraíso, se llevó consigo esta planta.

¿LO HAS ENTENDIDO?

1 ¿Qué poderes se le atribuyen a la sal?

2 ¿Qué cosas no debes hacer si es martes y 13 en España según el proverbio?

3 ¿Qué significado tiene tocar madera?

4 ¿Qué poderes tiene el trébol de cuatro hojas?

5 ¿Qué es lo que se debe y no se debe hacer con él?

TOMA NOTA

Fíjate en estas expresiones.

es recomendable *es aconsejable* *no se debe*	infinitivo

Es recomendable, es aconsejable y *no se debe* son expresiones que utilizamos para ofrecer consejos o recomendaciones. Hay varios ejemplos en el texto. Búscalos. ¿Conoces otras expresiones similares?

Escribe en una lista los consejos que se dan en el artículo para cada creencia.

Ejemplo

Trébol de cuatro hojas
No es aconsejable regalarlo.

El viernes y el martes

Tocar madera

Derramar la sal

AMPLÍA TU VOCABULARIO

derrama dejar caer
dominio control
propiciar favorecer
fecundidad fertilidad
augurio señal de un suceso futuro
basta con es suficiente con
salario sueldo, paga
anglosajón de habla inglesa
fatídica que conmemora un hecho fatal
refrán proverbio
conjurar expulsar, repeler
maleficios mala suerte, daños causados por magia
jactemos de estemos demasiado orgullosos/presuntuosos
por tanto por consiguiente
poderoso que tiene mucho poder
ni siquiera tampoco
enseñar mostrar
colocarse ponerse
consigo con uno mismo

Y TÚ, ¿CÓMO LO VES?

1 ¿Algunas de las creencias mencionadas en el artículo son comunes a tu cultura? ¿Qué otras supersticiones hay en tu país? ¿Qué importancia y significado tienen para ti? ¿Qué explicación tienen este tipo de creencias?

2 ¿Haces algo especial para atraer o repeler la mala suerte?

3 ¿Crees en el horóscopo? ¿Cuál es tu signo? ¿Tienes la costumbre de leer o consultar las predicciones del horóscopo? ¿Por qué?

4 ¿Qué formas de interpretar el pasado y predecir el futuro conoces? ¿Crees en alguna de ellas?

5 ¿Crees que se puede saber cómo es una persona simplemente leyendo su mano (quiromancia), estudiando su escritura (grafología) o su carta astral (astrología)? ¿O piensas que todo esto sólo son tonterías sin ninguna validez científica?

EN LA ONDA

1 ¿Crees en los fenómenos sobrenaturales o piensas que todo tiene una explicación científica? ¿Crees que existe/n

a los OVNIs?

b los extraterrestres?

c el yeti?

d los espíritus/los fantasmas?

e los vampiros?

2 ¿Hay actualmente una fiebre o moda de lo paranormal? ¿Por qué este tipo de fenómenos ejercen tanta atracción sobre las personas?

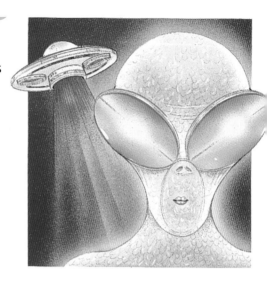

3 Escucha las noticias sobre los ataques de un extraño animal llamado *chupacabras* y responde.

A ¿A quién ataca el llamado *chupacabras*?

B ¿Qué hace con sus víctimas?

C ¿Cómo ha reaccionado la población? ¿Qué explicación tienen para lo que está pasando?

D Da tres detalles de la descripción de la criatura (ojos/cuerpo/ extremidades).

E ¿Qué dicen los expertos en genética?

¡TIENES LA PALABRA!

1 Entre toda la clase mira la ilustración.

A ¿Qué objetos o situaciones traen mala suerte y cuáles traen buena suerte?

B ¿Qué números y colores son afortunados en tu país? ¿Cuáles son importantes para ti?

2 Los refranes o dichos tienen un origen muy antiguo y reflejan la filosofía popular y la sabiduría de los mayores.

  A En grupos de tres relaciona estos proverbios con la explicación apropiada y discute su significado.

  B Escoge tres proverbios. Imagina situaciones de la vida real en las que podrían aplicarse.

  C ¿Hay expresiones similares en tu lengua?

Refranes

  1 *Más vale pájaro en mano que ciento volando.*
  2 *En boca cerrada no entran moscas.*
  3 *No es oro todo lo que reluce.*
  4 *Dime con quién andas y te diré quién eres.*
  5 *A la tercera la vencida.*
  6 *Más vale tarde que nunca.*
  7 *Pan para hoy y hambre para mañana.*
  8 *A palabras necias oídos sordos.*
  9 *Más vale prevenir que lamentar.*
  10 *A suerte mala, paciencia y buena cara.*

Explicaciones

  a Es preferible hacer algo tarde a no hacerlo nunca.
  b Las apariencias pueden ser falsas. No debemos fiarnos.
  c Es mejor tomar precauciones.
  d Las personas o compañías que frecuentamos nos influencian.
  e Es mejor una cosa segura que muchas posibilidades en el aire.
  f Es una solución temporal a un problema grave.
  g A pesar de las adversidades hay que mantener el buen espíritu y el buen humor.
  h Hay que callarse para no ser imprudente.
  i La tercera vez que intentamos algo lo conseguimos.
  j No debemos escuchar ni dar importancia a palabras estúpidas.

3 Entre toda la clase comenta tus opiniones sobre estos temas.

¿Hay vida en otros planetas? ¿Existe una civilización tecnológicamente superior a la nuestra en otras galaxias?

La astrología, ¿es para gente ingenua? ¿Crees que tiene una base científica?

POR ESCRITO

1 Inventa un diálogo entre una adivinadora y una persona que quiere consultar su futuro. (150-200 palabras)

2 Describe tu signo y los aspectos positivos/negativos de tu personalidad según tu horóscopo. ¿Estás de acuerdo con todo lo que se dice de tu signo? (200 palabras)

3 Imagínate un día en la vida de una persona supersticiosa y escribe una historia. Puedes utilizar algunos de los refranes que has aprendido. (250 palabras)

PUNTO DE MIRA

¿Cuánto sabes de los ídolos de España y Latinoamérica? Pon a prueba tus conocimientos. Responde a este sencillo cuestionario.

1 La cantante Gloria Estefan es de origen
  a mexicano.
  b chileno.
  c cubano.

2 ¿En qué película no actúa Antonio Banderas?
  a *Entrevista con el vampiro*
  b *Los reyes del mambo*
  c *Como agua para chocolate*

3 La cantante Selena era la reina
  a del pop español.
  b de la balada romántica.
  c de la música tejana o tex-mex.

4 Joaquín Cortés es
  a cantaor de flamenco.
  b bailaor de flamenco.
  c modelo.

Música, cantantes, actores, directores de cine.... ¿Está de moda lo latino? Lee este artículo para descubrirlo.

La fuerza hispana

La revista *People*, una de las más populares en Estados Unidos, acaba de sacar una edición en castellano. Para celebrar su incursión en el creciente mercado hispano, ha elaborado su relación de las diez estrellas latinas del momento.

Además de Banderas, otro español figura en la lista: Enrique, el hijo de Julio Iglesias. Les acompañan cinco mujeres y tres hombres: Gloria Estefan, Cristina Saralegui, Thalía, Jennifer López, Salma Hayek, Francisco Gattorno, Jimmy Smits y Luis Miguel.

La cultura y los intereses de los puertorriqueños de Nueva York, los cubanos de Miami o los chicanos de California no son los mismos. Pero su empuje conjunto convierte a este grupo social (los hispanos) en una fuerza determinante. Y sus mitos, sus valores y sus ídolos se traspasan al resto de la sociedad norteamericana.

Lejos quedan los tiempos en que los artistas de origen hispano eran algo exótico. Hoy la cantante Gloria Estefan es quizás el valor en activo más incontestable, tanto en castellano como en inglés. Su fama es tal que, según cuentan, la correspondencia que le dirigen poniendo sólo su nombre, sin dirección, le llega sin ningún problema.

El número uno indiscutible entre los actores es Antonio Banderas. Es verdad que su físico le abrió las primeras puertas. Pero no es menos cierto que tiene ya una importante filmografía en Estados Unidos.

Una de las razones del éxito de este colectivo es el crecimiento demográfico y económico de la minoría de origen hispano. Según cifras oficiales, este grupo social, con 27 millones de ciudadanos, es el que aumenta más rápidamente en el país. Hoy es la minoría más mayoritaria entre los jóvenes y antes de 2010 se calcula que será la más importante de Estados Unidos.

El nivel de renta de la minoría hispana aún está por debajo de la media del país, pero crece año a año. Por eso, la publicidad se orienta cada vez más a ese mercado.

¿LO HAS ENTENDIDO?

1 ¿En qué idiomas se puede leer la revista *People*? ¿La lee mucha gente?

2 ¿Cómo ha celebrado el lanzamiento de su nueva edición?

3 ¿Qué prueba hay de que la cantante Gloria Estefan es famosa y tiene un enorme éxito?

4 ¿Qué revelan las estadísticas sobre la población hispana en Estados Unidos?

TOMA NOTA

Fíjate en estas palabras del texto.

castellano	*aumentar*	*figurar*	*crecer*
minoría	*éxito*	*razones*	*por debajo de*

Relaciónalas con sus sinónimos (*aumentar – aparecer – motivo – español*)

Relaciónalas con sus opuestos (*mayoría – fracaso – por encima de – disminuir*)

1 Sustituye las palabras subrayadas por un sinónimo.

  A *El motivo* de su éxito es su gran talento como actriz.

  B Ricky Martin canta tanto en *castellano* como en inglés.

  C Su nuevo disco *aparece* en todas las listas de éxitos de varios países.

  D Su número de fans *crece* cada día.

2 Expresa lo contrario de estas frases.

  A Su nueva película fue un gran fracaso comercial.

  B El interés por la cultura hispana disminuye cada día.

  C Las personas que tienen el español como primera lengua son minoría.

  D Sus intereses personales están por debajo de sus intereses comerciales.

AMPLÍA TU VOCABULARIO

acaba de sacar ha publicado recientemente

incursión penetración, introducción

creciente cada vez más grande

chicanos personas de origen mexicano que viven en Estados Unidos

empuje fuerza, impulso

conjunto común, unido

determinante decisiva, importante

se traspasan se transmiten

incontestable incuestionable

cierto verdad

éxito triunfo

colectivo grupo

cifras estadísticas

aumenta crece

mayoritaria más grande

nivel de renta nivel económico, nivel de vida

se orienta está dirigida

Y TÚ, ¿CÓMO LO VES?

1 ¿Conoces a alguno de los artistas mencionados en el artículo? ¿De qué los conoces?

2 ¿Tienes algún ídolo? ¿A qué personaje famoso te gustaría conocer? ¿Por qué?

3 ¿Perteneces a algún club de fans? ¿Alguna vez has escrito a alguien famoso?

4 ¿Qué influencias latinas o hispanas hay en tu país? ¿Hay una fiebre por la música, el cine o la cultura española o hispana? ¿Hay influencias culturales de algún otro país, por ejemplo en la comida, la ropa, la música...? Explica.

5 En tu opinión, ¿por qué es importante para los hispanos mantener sus mitos, valores, ídolos y tradiciones culturales?

EN LA ONDA

1 ¿Tienes algún ídolo o persona que admiras mucho en la música, el cine o el deporte? ¿Admiras a esa persona por

a su físico?
b su trabajo?
c su talento?
d su personalidad?

2 ¿Qué cualidades se necesitan para ser famoso? Haz una lista de los rasgos que hacen a una estrella. ¿Cuáles de estas cualidades te parecen positivas/negativas? ¿Por qué?

Para llegar a la fama tienes que
- ser ambicioso
- ser creativo y original
- ser extrovertido
- ser muy trabajador
- ser egocéntrico
- tener suerte
- tener confianza en sí mismo
- tener buenos contactos

3 Escucha a unos jóvenes que hablan de sus gustos e ídolos musicales y responde.

A ¿Qué evidencia hay del éxito de Selena?
B ¿De qué tragedia hablan?
C ¿Qué tipo de canciones canta Luis Miguel?
D ¿Cuándo comenzó su carrera artística?
E ¿De dónde es el grupo Ketama?
F ¿Cómo es la música de Ketama?

4 Escucha la cinta por segunda vez y anota las características de los tres estilos musicales: tejano, bolero y nuevo flamenco.

¡TIENES LA PALABRA!

1 En parejas describe tu cantante, actor, ídolo o película favoritos sin decir el nombre. Tu pareja tiene que adivinar quién o qué película es. Si lo descubre cambia de papeles.

《 **Estas palabras te ayudarán** 》

Tipos de música	Tipos de películas
rock – pop – balada – ranchera	de acción – romántica – policíaca
bolero – salsa – indi – flamenco	de aventuras – de ciencia-ficción
tex mex (música tejana)	de suspense – comedia – histórica
pop – clásica	de terror

2 En grupos mira la cartelera de espectáculos y decide dónde quieres ir y por qué. Habla con tus compañeros para llegar a un acuerdo sobre cuál es la mejor propuesta.

Guaycán y Merenglass
Teatro Metropólitan

Lo mejor del ritmo salsero, la cumbia, el pasodoble y el bolero.

- Miércoles 20:30 horas.

La Unión
Teatro Metropólitan

Una de las agrupaciones más importantes del rock en español se presenta con lo más reciente de su producción discográfica.

- Sábado, 20:00 horas.

Las Tapas
Hotel Camino Real

Show de música flamenca con grupos en vivo y bailarinas. Cocina española.

- De las 19:00 a las 1:00 horas.

La Guitarra de Chamín
Londres 25

Sitio bohemio con las actuaciones de Chamín Correa, Los Cinco Reales y Martha Eugenia. Interpretan boleros de siempre.

- Viernes y sábado a partir de las 22:00 horas.

3 Entre toda la clase comenta tus opiniones sobre estos temas.

 ¿Qué importancia tienen los mitos e ídolos? ¿Para qué sirve tener un ídolo? ¿Crees que puede causar obsesión?

 Si pudieras ser una estrella, ¿quién te gustaría ser? ¿Por qué?

 ¿Crees que la fama cambia a las personas?

¿Qué ventajas e inconvenientes tiene ser famoso?

POR ESCRITO

1 Haz una lista de tus diez artistas/películas favoritas. Explica los motivos de tu elección. (200 palabras)

2 ¡Enhorabuena! Has ganado el concurso *Pasa un día con tu ídolo*. Cuenta tus planes para tan importante cita y prepara una lista de preguntas que te gustaría hacerle. (250-300 palabras)

3 Eres crítico de cine para una revista española. Escribe la reseña de dos películas que conoces. Incluye esta información: título, actores principales, tipo de película, argumento y calificación (regular, buena, excelente...). (200 palabras)

PUNTO DE MIRA

En el siglo XXI la ciencia y la tecnología marcarán una nueva era. Pero, ¿qué impacto tuvieron estos inventos para la humanidad?

a la rueda   **c** los rayos X   **e** el automóvil

b la imprenta   **d** las vacunas   **f** el avión

La biotecnología tendrá un papel esencial en las próximas décadas. Lee este artículo sobre algunas aplicaciones de esta ciencia.

¿Un clon tiene beneficios?

La histórica llegada a la escena internacional de la oveja Dolly desencadenó una serie de preguntas sobre para qué puede servir un clon.

Más allá de los temores sobre los peligros para la humanidad, los resultados obtenidos por el equipo escocés en el Instituto Roslin de Edimburgo, abren perspectivas reales en el campo de la medicina.

Entre otras: fabricación de medicamentos, hormonas y órganos humanizados a partir de animales, modelos más eficaces para estudiar las enfermedades humanas y un mejor conocimiento de los cánceres.

Estos también pueden ser aprovechados en la agricultura (rendimiento, gusto, calidad) y para la salvaguarda de especies en extinción, como los osos panda.

La empresa PPL Therapeutics, propietaria de la técnica 'Dolly', está especializada en corderos transgénicos, productores de sustancias terapéuticas.

Los animales transgénicos permiten fabricar productos para el tratamiento de enfermedades pulmonares. La clonación de estos animales mejoraría la producción y la obtención de órganos para transplantar al humano. **AFP**

¿LO HAS ENTENDIDO?

1 ¿Quién ha creado a Dolly?

2 ¿Qué ha provocado el descubrimiento de Dolly?

3 ¿Es importante la clonación en la medicina?

4 ¿En qué otros campos se aplica la clonación?

5 ¿Para qué sirven los animales transgénicos?

TOMA NOTA

Fíjate en estas palabras.

fabricar	la fabrica**ción**	tratar	el trata**miento**
investigar	la investiga**ción**	nacer	el naci**miento**

A partir de un verbo y con la ayuda de los sufijos **-ción** y **-miento** puedes obtener nuevas palabras y ampliar de este modo tu vocabulario. Las palabras terminadas en **-ción** son siempre femeninas y las terminadas en **-miento** masculinas.

Algunas de estas palabras aparecen en el artículo. ¿Sabrías formar los verbos o sustantivos que faltan?

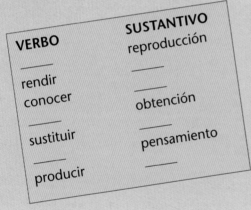

VERBO — **SUSTANTIVO**

reproducción

rendir

conocer — obtención

sustituir — pensamiento

producir

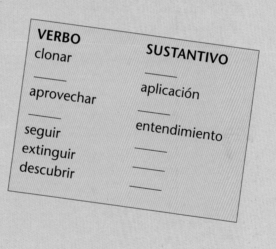

VERBO — **SUSTANTIVO**

clonar

aprovechar — aplicación

seguir — entendimiento

extinguir

descubrir

AMPLÍA TU VOCABULARIO

biotecnología conjunto de técnicas para alterar las características de los organismos vivos

desencadenó provocó

temores preocupaciones

eficaces eficientes, que consiguen el efecto deseado

ser aprovechados ser utilizados beneficiosamente

rendimiento producción

gusto sabor

salvaguarda protección

fabricar elaborar, producir

pulmonares relativas al pulmón

mejoraría haría mejor, potenciaría

Y TÚ, ¿CÓMO LO VES?

1 Pronto los científicos sabrán qué genes son responsables de 4.000 enfermedades hereditarias. ¿Crees que este descubrimiento es bueno o malo? ¿Por qué? ¿Será más fácil en el siglo XXI controlar nuestro destino?

2 Gracias a los avances en la higiene y la medicina vivimos mucho más tiempo que nuestros antepasados. En el futuro la tecnología podría alargar la vida humana hasta límites increíbles. ¿Te gustaría vivir más tiempo? ¿Crees que nuestros descendientes morirán a los 200 ó 300 años? ¿Qué repercusiones tendría esto?

EN LA ONDA

1 Cuando vas al supermercado, ¿te fijas en las etiquetas de los productos que compras? ¿Qué tipo de información esperas encontrar?

2 El pan, el vino, la cerveza y el queso son tradicionales productos biotecnológicos. Escucha esta conferencia de prensa sobre la nutrición. Anota la información para los siguientes puntos.

Dieta del futuro
A tipo de dieta
B productos que se comerán

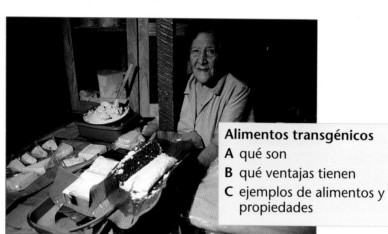

Alimentos transgénicos
A qué son
B qué ventajas tienen
C ejemplos de alimentos y propiedades

Biotecnología
consecuencias de su aplicación

¡TIENES LA PALABRA!

1 En grupos lee las ventajas y riesgos de la clonación y de las aplicaciones de la biotecnología. ¿Ayudará a disminuir el hambre en el mundo? ¿Qué beneficios tendrán para el consumidor los alimentos transgénicos? Defiende tu opinión a favor o en contra.

Ventajas

- animales resistentes a los virus y enfermedades
- alimentos con proteínas para tratar enfermedades
- animales donantes de órganos
- ganadería y agricultura más rentables y productivas
- plantas transgénicas que necesitan poca agua y nutrientes
- aumento de la producción mundial de alimentos
- prevención de miles de enfermedades hereditarias

Riesgos

- pérdida de la diversidad genética: cultivo de una o dos variedades por especie vegetal
- propagación de enfermedades en animales del mismo clon. Posible transmisión a las personas
- mal uso: posible clonación de seres humanos
- fabricación de armas biológicas
- reacciones alérgicas a las sustancias de los alimentos transgénicos
- impacto negativo en el medioambiente

2 Observa el anuncio de *Greenpeace*. Entre toda la clase discute la biotecnología. ¿Es una esperanza para la humanidad o una potencial amenaza? La clonación de animales y plantas es ya una realidad. Pero, ¿podrían algún día fabricarse seres humanos? ¿Te parece ético? ¿Se debe prohibir la clonación humana?

3 Mira la tabla de predicciones para el año 2100. ¿Cuáles de ellas te parecen más probables? ¿Por qué? ¿Viviremos algún día en el espacio? ¿Qué predicciones harías tú para el siglo XXI?

Para el año 2100 habrá
- edificios inteligentes (controlados por ordenador)
- ciudades artificiales sobre los océanos
- elección genética de la reproducción
- implantación de órganos biónicos en enfermos
- aumento de la esperanza de vida y de la población
- planetas artificiales para vivir (estaciones orbitales)
- realidad virtual creíble
- turismo en el espacio y vehículos aéreos

POR ESCRITO

1 ¿Cómo te imaginas la vida dentro de dos siglos? Describe un día en la vida de un estudiante/trabajador de ese tiempo.

2 Pregunta a personas mayores de tu entorno (padres, tíos, abuelos) sobre los cambios que han visto en la alimentación y en la comida de los supermercados. Escribe las conclusiones de tu investigación en español. (250 palabras)

Ejemplos de preguntas

¿Qué alimentos se comían más? (carne, pescado...)	¿Cómo han cambiado los envases y etiquetas?
¿Había comida precocinada?	¿Consideran los cambios positivos o negativos?
¿Es la dieta más variada ahora?	

PUNTO DE MIRA

¿Cuánto sabes sobre el reciclaje? Haz una lista de los materiales que pueden reciclarse. ¿Cuáles son los más utilizados?

¿Respetamos la naturaleza como se merece? Lee el siguiente texto para descubrirlo.

Nosotros maltratamos a la naturaleza y ella se queja

La mayoría de los avances técnicos no ha respetado la naturaleza; al contrario, han contribuido a la desaparición de las especies naturales o a la destrucción de la atmósfera. Frecuentemente olvidamos que el hombre es parte integrante de la naturaleza y que lo que le afecte a ella también nos acabará haciendo daño a nosotros. Estas son algunas de las *quejas* de la naturaleza.

Cambio climático. El clima está sufriendo serias modificaciones. Lo hemos podido notar en los largos períodos de sequía o de lluvias torrenciales que destrozan nuestros campos, temperaturas cada vez más extremas... Los expertos evitan sacar conclusiones sobre si se trata de una causa natural o provocada por el hombre, pero reconocen que los coches, fábricas, etc, emiten diariamente gases nocivos con capacidad para alterar el clima del planeta.

Agujero en la capa de ozono. Cada año, los datos sobre la destrucción de la capa de ozono son más alarmantes. El ozono en la atmósfera es vital para que la vida en el planeta continúe: nos protege de las nocivas radiaciones ultravioletas que acompañan a los rayos de sol. La causa de este deterioro es el uso masivo de gases que contienen los *sprays* de las lacas y los ambientadores, los congeladores y también los aparatos de aire acondicionado.

Contaminación de los mares. Los océanos se han convertido en los basureros de la actividad industrial. A los vertidos de las industrias hay que añadir la contaminación procedente de la atmósfera, que acaba depositándose en el mar arrastrada con la lluvia.

Desertización. El suelo cada vez es más pobre a causa de las talas indiscriminadas de árboles, los incendios forestales y el uso de abonos químicos.

Contaminación atmosférica. El uso del automóvil es la principal fuente de contaminación urbana. Los niveles de monóxido de carbono en la atmósfera son cada vez mayores y el efecto *smog* –la nube grisácea que cubre las ciudades– ha aumentado.

¿LO HAS ENTENDIDO?

1 ¿Qué impacto ha tenido el progreso en la naturaleza?

2 ¿Qué efectos tienen los gases emitidos por los automóviles y las fábricas?

3 ¿De qué forma ha cambiado nuestro clima?

4 ¿Por qué es importante el ozono?

5 ¿Cuáles son los peligros para nuestros bosques?

6 ¿Por qué hay tanta contaminación en las ciudades?

TOMA NOTA

Fíjate en estas frases del texto.

> *"...temperaturas **cada vez más** extremas...".*
> *"El suelo **cada vez** es **más** pobre...".*

Cada vez más/cada vez menos es una forma de comparación utilizada con verbos y adjetivos. Se utiliza para enfatizar su significado (porque indica progresión ascendente/descendente).

Completa estas frases con **cada vez más** o **cada vez menos**.

Ejemplo
*Luis ha perdido mucho peso últimamente. **Cada vez** está **más** delgado.*

A Circulan demasiados coches por la ciudad. _____ hay _____ contaminación.

B Está llegando la primavera. _____ hace _____ calor.

C Debido a los incendios forestales _____ hay _____ árboles en nuestros bosques.

D Muchos utilizan el mar como basurero. Las playas están _____ sucias.

E Últimamente tengo mucho trabajo. Salgo _____ por la noche.

F ¡Cómo suben los precios en el supermercado! _____ está todo _____ caro.

G La gente es más consciente ahora y _____ recicla _____ .

H Los aerosoles con gases nocivos se utilizan _____ .

AMPLÍA TU VOCABULARIO

quejas problemas, lamentos
sequía falta de agua
reconocen que admiten que
nocivos perjudiciales, malos, que causan daño
datos información
lacas productos para fijar el pelo
ambientadores para perfumar el ambiente
basureros lugares donde se depositan los residuos
vertidos basura, residuos
arrastrada llevada, transportada
talas de árboles cortar los árboles
abonos químicos fertilizantes
grisácea de color gris

Y TÚ, ¿CÓMO LO VES?

1 ¿Te preocupas por los problemas ambientales de la Tierra? ¿Qué haces tú personalmente para mejorar la situación?

2 ¿Reflexionas antes de comprar algo si tienes verdadera necesidad de ello?

3 ¿Eres miembro de alguna asociación ecologista o de defensa de la naturaleza?

4 ¿Crees que el progreso implica necesariamente ir contra los intereses de la naturaleza? ¿Es posible encontrar un equilibrio entre ambos? Explica.

5 ¿Cómo ves el futuro de nuestro planeta?

49

EN LA ONDA

1 ¿Cuánto te preocupas por el medio ambiente? En parejas responde
sí, no o **a veces** a estas preguntas.

A ¿Haces las compras con tu propia bolsa?

B ¿Usas productos reciclados?

C ¿Compras alimentos biológicos?

D ¿Usas cosméticos no probados en animales?

E ¿Depositas las botellas y las latas en un contenedor?

F ¿Depositas los periódicos y revistas en un contenedor de papel?

G ¿Compras productos de limpieza ecológicos?

H ¿Reutilizas cosas que tienes o compras otras nuevas?

I ¿Apagas la luz cuando no la necesitas?

J ¿Te bañas más que te duchas?

2 Manifestación ecologista: campaña *"Salvemos el Planeta Azul"*.
Escucha a los líderes de este movimiento ecologista y responde.

A ¿De qué dos formas podemos ahorrar agua en nuestros hábitos de higiene personal?

B ¿Qué ventajas tiene la bicicleta como medio de transporte?

C ¿Qué tenemos que hacer con la basura doméstica?

3 Escucha otra vez los consejos y completa estas frases con las ideas mencionadas.

ACCIÓN	CONSECUENCIA
Ejemplo	
Si te bañas	_____ mucha agua.
Si te bañas	*gastarás* mucha agua.
A Si te _____	ahorrarás mucha agua.
B Si pones la _____	_____ 200 litros de agua.
C Si viajas en _____	es más _____ y _____ .
D Si _____	harás deporte también.
E Si _____	salvarás muchos árboles.

¡TIENES LA PALABRA!

1 En parejas piensa en ideas para

a proteger los bosques.

b disminuir la contaminación en las ciudades.

c evitar la contaminación de los mares.

d reducir el volumen de basura.

Explica tus ideas al resto de la clase.

EL SEÑOR MUNDO **MARISCAL**

2 En grupos observa la ilustración de Mariscal para *El Señor Mundo*. ¿Qué opinas de ella? ¿Te parece divertida, seria, informativa, clara, precisa.... ¿Cuál es su mensaje principal? ¿Qué quiere comunicarnos Mariscal con su ilustración? ¿Crees que lo hace de forma efectiva? ¿Por qué? ¿Estás de acuerdo con sus ideas?

AMPLÍA TU VOCABULARIO

riqueza bien, tesoro
nutritivo con mucho alimento
rentables beneficiosos
embalajes paquetes
materias primas recursos naturales
aleaciones mezcla de metales

3 Entre toda la clase comenta tus opiniones sobre estos temas.

¿**Por qué es necesario reciclar?**

¿**Piensas que estamos destruyendo nuestro planeta? ¿Cómo?**

¿**Qué posibilidades de reciclaje ofrece tu ciudad? ¿Las utilizas al máximo?**

¿**Es importante la participación de toda la sociedad para salvar el futuro del planeta Tierra? ¿Por qué?**

POR ESCRITO

1 Diseña un póster con fotos o ilustraciones para animar a la gente a usar el transporte público/reciclar más. Piensa en un lema o frase para tu campaña.

2 Escribe una guía de cómo ser un buen ecologista. (200 palabras)

3 ¿Te preocupas realmente por el medio ambiente? Escribe lo que haces para aliviar los problemas, lo que no haces y los hábitos que deberías cambiar. Explica las razones. (250-300 palabras)

4 *"El hombre es el peor enemigo de la naturaleza"*. ¿Estás de acuerdo con esta afirmación? Discute. (300 palabras)

PUNTO DE MIRA

Ante estas situaciones:

a un examen importante
b una discusión familiar / con los amigos
c un viaje en metro / tren lleno de gente
d una entrevista de trabajo

¿Cómo reaccionas?
con ansiedad
con frustración
con mal/buen humor
con tensión

¿Cómo te sientes?
nervioso/a
irritable
tranquilo/a
angustiado/a

¿Es nuestra vida diaria una carrera contra el reloj? Vas a leer un artículo sobre las presiones de la vida moderna.

Acabe con el ESTRÉS antes de que acabe con USTED

La tecnología moderna ha transformado el mundo. Hoy en día, las computadoras, el teléfono celular y los *beepers* están sobre la mesa del comedor, al lado de la cama, en el carro... y también en los restaurantes, en los cines y en la playa. La carrera contra el tiempo y las múltiples responsabilidades están acabando con la vida de los ejecutivos, las secretarias, los obreros y las amas de casa. El mundo parece estar al borde de un ataque de nervios. Según informes estadísticos, en los países industrializados una de cada cuatro personas padece de cansancio crónico.

El estrés se ha convertido en el principal motivo por el cual las personas acuden a ver al médico. Los síntomas del estrés varían en cada persona. Pueden ser pasajeros o transformarse en una enfermedad crónica. Las manifestaciones pueden empezar con un dolor de cabeza, una parálisis muscular, presión alta, problemas digestivos, depresión, e inclusive culminar en un ataque al corazón.

Y aunque el hombre igual que la mujer sufre de este mal, es ella la que está llevando la peor parte. La tensión nerviosa que le causa trabajar fuera, atender la casa y ocuparse de los hijos se está convirtiendo en una bomba a punto de estallar. Pero, ¿es posible resistir por mucho tiempo esa tensión nerviosa? Los expertos consideran que no.

Si bien la vida moderna nos exige mucho, existen algunos métodos para combatir el estrés. ¿Qué hacer? Dedíquese cinco minutos de su tiempo. Las técnicas para combatir el estrés se aplican de acuerdo al grado de tensión nerviosa: pequeñas sesiones de ejercicios, masajes, meditación, yoga.

¿LO HAS ENTENDIDO?

1 ¿Cuál es el gran problema que afecta a los países industrializados?

2 ¿Por qué motivos puede la vida moderna producir altos niveles de ansiedad?

3 Explica de qué forma es la mujer más vulnerable a los efectos del estrés.

4 ¿Con qué métodos se puede combatir el estrés?

TOMA NOTA

Fíjate en la estructura.

Estar + participio de presente (gerundio)

-AR: -ando   **-ER/-IR: -iendo**
hablar - habl**ando**   tener - ten**iendo**
estudiar - estudi**ando**   vivir - viv**iendo**

Irregulares

leer - le**yendo**   oir - o**yendo**   ir - **yendo**

El presente progresivo describe acciones que están en proceso de realizarse en el momento presente. Esta forma es mucho más frecuente en el lenguaje hablado en Latinoamérica que en España. Hay tres ejemplos de esta forma verbal en el artículo. Búscalos.

En grupos de tres utiliza la mímica y gestos para representar acciones. Practica el presente progresivo de esta forma.

Ejemplo
Estudiante 1°: ¿Qué *estoy haciendo?*
Estudiante 2°: *Estás comiendo* una manzana.
Estudiante 3°: ¿Qué *estoy haciendo?*
Estudiante 1°: *Estás...*

AMPLÍA TU VOCABULARIO

hoy en día actualmente
las computadoras (*Am Lat*)
  los ordenadores (*Esp*)
los *beepers* (*Am Lat*) los "busca"
  personas (*Esp*); pequeños aparatos
  electrónicos de comunicación
carro (*Am Lat*) coche, auto
obreros trabajadores
padece de sufre de
cansancio fatiga
acuden van
pasajeros temporales
llevando la peor parte estar en peor
  situación
si bien aunque
exige demanda, requiere
de acuerdo al dependiendo de,
  según

Y TÚ, ¿CÓMO LO VES?

1 ¿Tienes tiempo libre para hacer lo que te gusta o, por el contrario, siempre estás muy ocupado/a? ¿Para qué te gustaría tener más tiempo libre?

2 Con el ritmo de vida actual es raro no tener un día sin encontrar algún tipo de estrés. ¿Qué situaciones te producen estrés? ¿Cómo reaccionas ante esas situaciones? Haz una lista y después presenta tus ideas al resto de la clase.

3 ¿Qué haces para relajarte de las tensiones?
  a escuchar música
  b tomar un baño
  c hablar con amigos
  d leer
  e ir al gimnasio

EN LA ONDA

1 Mira la lista de las diez profesiones. Escoge tres de ellas y explica qué tensiones se sufren a consecuencia de esas ocupaciones. ¿Qué otras profesiones podrías añadir a esa lista? Justifica tu opinión.

Las 10 Profesiones de Más Estrés

- Operadores de tráfico aéreo
- Médicos y enfermeras
- Abogados
- Policías
- Periodistas
- Secretarias
- Profesores
- Amas de casa
- Meseros
- Entrenadores de deportes

2 Escucha a estas dos personas que acuden a la consulta del médico. Anota los problemas y consejos que se mencionan para cada uno.

Señor Blanco

Señora Sánchez

Problemas

a falta de apetito
b dolores de cabeza
c cansancio, fatiga
d falta de concentración
e irritabilidad, mal humor
f dificultad para dormir bien
g dolor de espalda
h dolor de estómago

Consejos

a tomar unos días de descanso
b hacer ejercicio físico
c recibir sesiones de masaje
d nadar
e practicar la relajación
f cultivar una actividad/pasatiempo
g tomar vitaminas
h caminar en compañía

¡TIENES LA PALABRA!

1 Lee *Un día en la vida de Ana*. ¿Crees que Ana padece de estrés? ¿Por qué?

2 En la consulta del médico. En parejas utiliza la información de *Un día en la vida de Ana* para hacer los papeles de paciente y médico. Ana cuenta sus problemas y el médico debe proponer soluciones.

3 ¿Es posible vivir sin estrés? Entre toda la clase piensa en técnicas que se pueden aplicar para controlar los niveles de estrés de forma efectiva.

AMPLÍA TU VOCABULARIO

la madrugada las primeras horas de la mañana
niñera persona que cuida a niños
almuerza come
disfruta de goza de
acuesta pone a dormir
se acuesta va a la cama

Un día en la vida de Ana

Ana Traveras fue abandonada por su marido. Sola y con una hija de meses, Ana se vio obligada a tener dos trabajos en diferentes panaderías. Su día empieza a las 4 de la mañana y termina a la una de la madrugada. Un día en la vida de Ana es así:

4:00 a.m. Toma una ducha.
4:30 Prepara a la niña para salir.
5:00 Espera el bus para ir a la casa de la niñera.
6:00 Deja a la niña.
6:10 Toma el autobús para ir al trabajo.
1:00 p.m. Almuerza.
4:00 Sale del trabajo.
5:00 Llega a casa de la niñera. Y disfruta de unos cortos minutos junto a su hija.
5:15 Espera el bus para ir a su segundo empleo.
9:30 Sale del trabajo.
9:40 Toma el bus.
10:25 Recoge a la niña.
11:30 Llega a su casa y acuesta a la niña.
12:00 Hace algo de comer y cena.
1:00 a.m. Se acuesta a dormir.

4 Defiende tu opinión. ¿Estás de acuerdo con las siguientes afirmaciones?

Es bueno tener cierto grado de tensión, puesto que hace nuestro trabajo más interesante y agradable. Por el contrario, la falta de tensión total sólo conduce al aburrimiento.

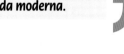

El estrés es la enfermedad de la vida moderna.

El estrés y la tensión nos empujan a crear, a mejorarnos y tener éxito.

POR ESCRITO

1 Escribe un resumen de un día típico en tu vida y anota tus emociones.

Hora	Actividad	Cómo me siento
a.m.	Me levanto	¡Fenomenal! Hoy va a ser un gran día.

2 Imagina que eres Ana. Utiliza la información del texto para escribir una redacción sobre los problemas que tienes para trabajar y mantener a tu hija. Describe cómo te sientes y qué te gustaría cambiar en tu vida. (250 palabras)

PUNTO DE MIRA

¡Ponte a prueba! ¿Cuántas palabras sabes sobre la ropa y los complementos? Clasifica las palabras en las categorías siguientes:

Mujer: *falda, bolso...* / **Hombre**: *corbata, americana...* / **Unisex**: *vaqueros, mochila...*

¿Una imagen vale más que mil palabras?
Vas a leer una anécdota sobre la experiencia de un hombre que sale a la calle.

Zapatos

Decidí, un día, salir sin zapatos a la calle.

Y decidí esto porque en una ocasión alguien me dijo: "A un tío sin zapatos no lo quiere nadie". Para hacer la prueba, pues, me afeité, puse gomina en mis cabellos, elegí un elegante pantalón de color café con leche y me acabé de vestir con una camisa blanca planchada para la ocasión y, por supuesto, una fina corbata. Pero sin zapatos.

Nada más salir de casa ya noto como todo el mundo se queda mirando. Incluso los que van por la otra acera hasta señalan; yo, ni vuelvo la cabeza: de nunca me ha interesado la gente maleducada.

Voy a entrar en una panadería.

—Buenos días. ¿Me da un donuts, por favor?

Y, dando la vuelta al mostrador, sale el gorila —se trata de un tipo de unos noventa o cien kilos— me coge del hombro y me dice:

—¡Mire, váyase, no quiero problemas!

—¡Pero si sólo quiero un donuts! ¡Mire, tengo dinero! —le enseño al gorila un billete de mil.

Y qué va, el bestia me conmina a salir del establecimiento.

Llego hasta una marquesina. Espero al autobús. Ya viene. Me subo no muy convencido; sin embargo, esta vez no tengo problema, pues el conductor ni me ha mirado. Ocupo un asiento. En la próxima parada sube una chica y se sienta a mi lado. Lleva un libro y su cuaderno de apuntes.

—Hola, ¿vas a estudiar? —me presento.

—Sí —se vuelve y sonríe. "¡Qué bien! Por fin un altruista", pienso. —Les doy clases de recuperación a unos chicos y... —es entonces cuando mira hacia abajo, se pone seria y exclama: —¡Ahí va! —enfadada. Se levanta y se va.

Ya no lo puedo soportar más. ¡Cómo es la gente! Tienes la desgracia de no tener zapatos y huyen de ti como de un apestado. No pretendía hacer de esto una cuestión personal, sólo era un experimento. En fin, si no me creéis haced la prueba, pero el que me lo dijo llevaba más razón que un santo: sin zapatos no te quiere nadie.

¿LO HAS ENTENDIDO?

1 ¿Por qué razón salió a la calle sin zapatos esta persona? ¿Qué quería comprobar?

2 ¿Cómo describes la forma en que se prepara para salir a la calle?

  a sin interés especial en su aspecto
  b cuidadosa, con atención al detalle

3 ¿Cuál es la primera reacción de la gente en la calle ante su aspecto?

4 ¿Cuántas veces intenta establecer contacto con otras personas? ¿Cuál es el resultado? ¿Tiene éxito?

5 ¿Cómo se siente el autor después de esta experiencia?

  a desilusionado y triste

  b ofendido y enfadado

  c feliz y satisfecho

TOMA NOTA

Fíjate en estos verbos del texto.

Verbos pronominales (y reflexivos)		
me afeité	*se* sienta	*se* pone
me subo	*se* vuelve	*se* levanta

Los **verbos pronominales** llevan un pronombre de la misma persona que el sujeto del verbo.

Los **verbos reflexivos** indican que la acción del verbo incide sobre el mismo sujeto. Son fáciles de reconocer porque llevan *-se* en el infinitivo.

En grupos de cuatro haz una lista de los verbos reflexivos que conoces. Luego, practica los pronombres reflexivos *me, te, se*. Se debe añadir un nuevo verbo después de la tercera persona (*se*).

Ejemplo

Estudiante 1°: *Por las mañanas **me despierto** y **salgo** de casa.*

Estudiante 2°: *Por las mañanas **te despiertas** y **sales** de casa.*

Estudiante 3°: *Por las mañanas **se despierta** y **sale** de casa.*

Estudiante 4°: *Por las mañanas **me despierto, me levanto** y **salgo** de casa...*

AMPLÍA TU VOCABULARIO

tío/a (*coloq*) individuo, persona
gomina crema para fijar el pelo
planchada lisa
nada más salir justo al salir
acera parte de la calle destinada a los peatones
me conmina me obliga
marquesina cubierta para la parada del bus
altruista humanitario, filántropo
soportar tolerar, aguantar
huyen escapan
apestado infectado de una enfermedad
llevar más razón que un santo tener toda la razón, ser correcto en lo que dice

Y TÚ, ¿CÓMO LO VES?

1 ¿Qué te parece más importante en una persona? Razona tu respuesta.

  a su aspecto físico (belleza, atractivo...)
  b cómo viste (la ropa que lleva)
  c su personalidad (cómo es de carácter)

2 ¿Cómo reaccionarías si te encontraras por la calle con una persona sin zapatos o mal vestida?

3 ¿Qué estilo de ropa prefieres y qué colores te gustan?

EN LA ONDA

1 ¿Compras habitualmente ropa
  a porque te queda bien y refleja tu personalidad?
  b por el prestigio de la marca?
  c porque te gusta cambiar de imagen a menudo?

2 Escucha esta entrevista a una joven actriz española en un estudio de televisión y decide si
  a sigue su propio estilo. / es una víctima más de la moda.
  b es muy presumida, pasa horas y horas preparándose. / prefiere lo natural, no pierde el tiempo delante del espejo.

3 En parejas escoge uno de estos papeles.

Periodista

Trabajas para una revista de moda. Tienes que entrevistar a una persona famosa sobre su forma de vestir. (Puedes utilizar como modelo las preguntas de la entrevista que acabas de escuchar).

Personaje famoso

Un periodista quiere entrevistarte sobre tu forma de vestir. Responde a sus preguntas. (Puedes utilizar como modelo las respuestas de la entrevista que acabas de escuchar).

¡TIENES LA PALABRA!

1 En parejas decide el tipo de ropa que llevarías en cada una de las siguientes situaciones. ¿Qué diferencias de opinión hay entre tu compañero/a y tú?
  a primera cita con un chico o una chica
  b entrevista de trabajo
  c boda familiar
  d fiesta de amigos

《**Estas palabras te ayudarán a expresarte**》

Estilos
deportivo
cómodo
informal
sencillo
juvenil

clásico

convencional

elegante

Escala de colores

cálidos	vivos	oscuros	claros	llamativos

2 Lee esta historieta y luego contesta a las preguntas.

  A Mira el cómic.
  ¿Te preocupas por tu imagen?
  ¿Qué haces para cuidarla?
  ¿Eres presumido/a?

  B ¿Estás de acuerdo con la conclusión de la historieta?

  C ¿Es importante la imagen que proyectamos a otras personas? ¿En tu país se da mucha importancia a la imagen externa?
  ¿De qué forma?

2 *Nina* Grazia Nidasio

=∃ AMPLÍA TU VOCABULARIO ⌐=

presumida vanidosa
barriga estómago
"pelu" abreviatura de peluquería
se nota que se ve que
tal vez probablemente
halagan destacan las buenas cualidades de una persona
mejoramos nos hacemos mejor

---

3 Trabaja en grupos. Cada uno debe defender una de las siguientes opiniones.

> Hoy vestir con lujo significa exhibir las marcas con la misma pretensión que cuando se conduce un Mercedes.
>
> *M. Gatel, profesor de Historia de la Moda Contemporánea, Universidad Politécnica, Madrid*

> Lo último entre los jóvenes es tener un gran vestuario por poco dinero; poder decir a tus amigos: 'Mira, por 1.000 pesetas he comprado estos pantalones'.
>
> *Carlos Serrat, diseñador de la firma Crazy de Barcelona dedicada al reciclaje de ropa usada*

POR ESCRITO

1 Haz una encuesta entre la gente de tu edad sobre sus gustos de moda y cuidados de la imagen. Prepara un cuestionario de diez preguntas. Escribe las conclusiones en unas líneas.

2 Escribe un final diferente para *Zapatos* o inventa otra historia similar. (250 palabras)

3 Escribe un reportaje de moda sobre las tendencias de este año, con fotos de revistas como ilustración. Escoge una temporada. (100/150 palabras)

  a otoño   **c** primavera
  b invierno   **d** verano

PUNTO DE MIRA

¿Cuánto sabes sobre la cultura indígena de América Latina?
Responde a este sencillo cuestionario.

1 El quechua y el aymará son
   a platos típicos de Latinoamérica.
   b lenguas habladas por la población indígena.
   c instrumentos musicales de los Andes.

2 Los antiguos habitantes del Perú eran los
   a aztecas.
   b mayas.
   c incas.

3 Los otavalo son
   a una minoría étnica de Ecuador.
   b unas montañas famosas.
   c un animal en peligro de extinción.

4 El quetzal es
   a un pájaro exótico y símbolo de Guatemala.
   b una lengua de los pueblos andinos.
   c una bebida alcohólica.

La vida de muchos pueblos indígenas de Latinoamérica es una constante lucha por la supervivencia. Lee el siguiente artículo.

Wichí: Luchando Por Sobrevivir En Argentina

Durante 90 años, los Wichí han sufrido la invasión gradual de extranjeros en su territorio. Lo que fue una vez una tierra fértil llena de árboles y arbustos se ha convertido en un desierto seco. Junto con otras plantas, varios tipos de animales que los Wichí cazaban han desaparecido. Hoy en día, los Wichí no están en peligro de extinción, pero su forma de vivir tradicional está desapareciendo. Como respuesta los Wichí están organizándose y luchando desesperadamente por asegurar su territorio.

Desde el comienzo del siglo XX, los Wichí han sufrido malos tratos así como serios ataques violentos en que muchos indígenas murieron. Los colonizadores siempre armados, no sólo han introducido enfermedades, sino también ganado que perjudica la tierra frágil y árida de los Wichí.

Son todavía una población numerosa entre 20,000 a 50,000 personas que viven en el sudeste de Bolivia y noreste de Argentina, en una región semiárida conocida como el Chaco. Las comunidades Wichí tienen su propio territorio, pero frecuentemente seis o siete comunidades comparten las regiones. En la sociedad Wichí cada comunidad incluye uno o más clanes, los hombres se van a vivir en la comunidad de su esposa cuando se casan.

Tienen una relación muy estrecha con sus alrededores. Sus casas pequeñas hechas de lodo y ramas se adaptan fácilmente a las altas temperaturas de 50 grados centígrados bajo sombra en el verano. Durante los meses del invierno seco, dependen del pescado. En los veranos húmedos, cultivan maíz, frijol y calabazas que crecen en sus jardines que están protegidos de las invasiones del ganado de los colonizadores con espinas.

Para los Wichí, la desertificación se traduce en hambre debido a que sus recursos tradicionales alimenticios están desapareciendo. Muchas veces los jardines protegidos con espinas son pisoteados por el ganado de los colonizadores.

Como resultado del deterioro del medio ambiente, los criollos están evitando que los indígenas tengan control sobre las pocas tierras productivas que quedan. Les prohiben cazar animales y, en algunos casos, les han negado el acceso a los pozos de agua que son básicos para sobrevivir.

¿LO HAS ENTENDIDO?

1 ¿Qué problemas sufren los Wichí?

2 ¿Cómo ha cambiado su hábitat? (Tierra, plantas, animales).

3 ¿Qué consecuencias ha tenido la presencia de colonizadores para los Wichí? Menciona tres.

4 ¿Dónde viven los Wichí? ¿Cuál es su estructura social?

5 ¿Cómo construyen sus casas?

6 ¿Qué problemas crea la desertificación para los Wichí? ¿De qué forma hacen los criollos la vida imposible para los indígenas?

TOMA NOTA

Fíjate en la estructura.

> **Pretérito perfecto = presente de _haber_ + participio de pasado**
> _he_ hablado   _has_ comprado   _ha_ estado
> _hemos_ tenido   _habéis_ leído   _han_ salido

El pretérito perfecto es una forma verbal compuesta. Describe una acción completa y terminada que se inicia en el pasado pero que continúa en el momento actual. Busca los ejemplos en el artículo.

En parejas practica el pretérito perfecto. Responde negativamente a las preguntas.

Ejemplo
¿Te **has levantado** pronto esta mañana?
No, me **he levantado** tarde.

A ¿Has ido al colegio/a la oficina en autobús?

B ¿Habéis llegado pronto a la conferencia?

C ¿Han comido ustedes carne?

D ¿Ha leído Luis el periódico?

E ¿Han trabajado mucho Roberto y Cristina hoy?

AMPLÍA TU VOCABULARIO

lo que fue una vez lo que antes era
arbustos plantas de poca altura
asegurar establecer
ganado animales
perjudica hace daño, destruye
árida muy seca
clanes grupos sociales formados por familias
lodo barro, mezcla de tierra y agua
frijol (_Am Lat_) judía, planta legumbre
calabazas frutos secos y redondos
espinas pinchos que sirven de protección
pisoteados destruidos
deterioro pérdida de calidad
criollos colonizadores, descendientes de europeos
cazar capturar animales salvajes
les han negado les han prohibido
pozos perforación en la tierra que contiene agua

Y TÚ, ¿CÓMO LO VES?

1 Ser solidario implica concienciarse de los problemas que sufren los más necesitados y ayudar. ¿Eres solidario/a? ¿Te preocupas por los problemas y derechos de las personas más necesitadas y vulnerables? ¿Realizas algún tipo de trabajo social voluntario? (Cuidar ancianos, colaborar en campañas de concienciación...).

2 ¿Hay minorías étnicas en tu país? ¿Cuáles son? ¿Dónde viven? ¿Cómo son sus condiciones de vida? ¿Sufren problemas de discriminación y racismo?

3 Cada año desaparece un pueblo indígena. ¿Crees que es importante preservar las culturas tradicionales de estos pueblos? ¿Por qué? ¿Qué relación tienen ellos con la tierra y la naturaleza? ¿Es diferente de nuestra relación?

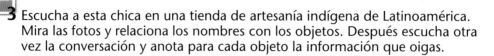
EN LA ONDA

1 ¿Te gustan los objetos hechos a mano? ¿Qué objetos tienes en casa? (De decoración, ropa, joyas, muebles...). ¿Conoces la artesanía de Latinoamérica?

2 ¿Compras artesanía porque
  a la coleccionas?
  b quieres ayudar a los pueblos indígenas?
  c te parece un regalo original y atractivo?

3 Escucha a esta chica en una tienda de artesanía indígena de Latinoamérica. Mira las fotos y relaciona los nombres con los objetos. Después escucha otra vez la conversación y anota para cada objeto la información que oigas.

Quitapenas – retablo – tumi – joyas/adornos

A

Nombre:
País:
Materiales:
Se usa para:

C

Nombre:
País:
Materiales:
Se usa para:

B

Nombre:
País:
Materiales:
Se usa para:

D

Nombre:
País:
Materiales:
Se usa para:

¡TIENES LA PALABRA!

1 Entre toda la clase comenta tus opiniones sobre estos temas.

Hay tiendas de comercio justo y equitativo con diferentes grupos del tercer mundo. ¿Qué ventajas tiene comprar en esas tiendas? ¿Existen en tu país? ¿Qué cosas se pueden comprar? ¿Crees que debería haber más establecimientos como éstos? ¿Por qué?

¿Puedes nombrar alguna organización humanitaria? ¿En qué consiste su trabajo? ¿Qué organizaciones existen en tu país? ¿Colaboras con alguna de ellas?

2 En grupos cada uno representa a un pueblo amenazado. Explica los problemas que sufren y defiende sus derechos. Intenta proponer soluciones.

Quechuas	Yanomamis	Mayas
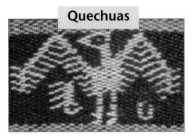		

País: Perú y Bolivia

Idioma: quechua. Son descendientes de los antiguos incas

Formas de vida: agricultores y pastores

Problemas: sufren la invasión de sus tierras, racismo y destrucción de su cultura

País: Venezuela y Brasil. Viven en la selva amazónica

Formas de vida: recolectan frutos, cultivan la tierra, cazan y pescan

Problemas: están amenazados por la deforestación de la selva amazónica y los buscadores de oro que contaminan sus ríos

País: México y Guatemala. Son descendientes directos de los antiguos mayas, hoy forman más de la mitad de la población de Guatemala

Formas de vida: campesinos

Problemas: están amenazados por la pérdida de sus tierras y la destrucción de su cultura

3 Pobreza, hambre, injusticia, guerra, racismo, xenofobia.... ¿Qué podemos hacer para cambiar y mejorar la sociedad en que vivimos? En grupos piensa en soluciones para estos problemas.

- escribir cartas a gente importante (presidentes...) o a los periódicos.
- hacerse socio de una *ONG* -una *Organización No Gubernamental* (independiente)- que da ayuda efectiva a quien lo necesita.
- colaborar en campañas de concienciación de la sociedad en tu ciudad/comunidad/colegio.

- formar/unirse a un grupo de presión a favor de los derechos humanos.
- recaudar dinero para las personas/los países necesitados.
- no comprar cosas que explotan comercialmente a las personas/los recursos naturales de esos países.
- comprar café, artesanía, etc. en tiendas de comercio justo.

POR ESCRITO

1 Escribe una carta al gobierno de Argentina/Bolivia para protestar sobre la situación de los Wichí. Pide que se defiendan sus derechos. Utiliza la información del artículo para ayudarte. Aquí tienes un modelo de carta.

2 Eres periodista. Prepara un informe sobre las condiciones de vida de un pueblo indígena de Latinoamérica (historia, formas de vida, comida, cultura, costumbres e idioma). Utiliza fotos y gráficos como ilustración. Si lo prefieres, escribe sobre una minoría étnica de tu país.

Señor Presidente:

Le escribo para llamar su atención sobre _____ .

Los _____ llevan mucho tiempo soportando _____ por parte de _____ .

Le recuerdo que es un grave atentado contra los derechos humanos y una clara amenaza para la supervivencia de _____ .

Atentamente le saluda,

¿Cuál es tu lugar ideal para vivir? ¿Por qué?

a el campo
b la montaña
c la costa
d la ciudad
e el pueblo

Algunas ciudades tienen un encanto y atractivo especial. Lee este artículo sobre una de ellas.

La ciudad infinita

Nunca duerme esta urbe nacida del tango y la alegría, amante del arte y la modernidad. Se enorgullece de ser la más europea de las ciudades hispanoamericanas, pero bañada con un acento peculiar y genuinamente hispano.

Polifacética, privilegiada, ambiciosa, rica y extrovertida. Esta gran urbe cosmopolita es, para residentes y visitantes, una ciudad entrañable. Sobre la Pampa, a orillas del Río de la Plata, todo en ella trasluce la herencia europea.

El pequeño rincón francés de las calles *Arroyo*, *Alvear* o de *Plaza San Martín*, el aire italiano que se respira caminando por aceras adoquinadas de La Boca o el entusiasmo español que rezuman los restaurantes o cafés de la *Avenida de Mayo*. Elegante, colonial o posmoderna, misteriosa e infinita, nos atrae.

Los porteños, hombres y mujeres, son como la urbe que habitan. Apasionados, buenos conversadores, vanidosos y seductores, les encanta mirar y ser mirados. Pasear por Buenos Aires es encontrarse a cada paso con una nueva representación de la ciudad y de su gente.

Hablar de Buenos Aires es hablar del aire de vitalidad que se respira en todos sus rincones, del ritmo cosmopolita en las calles, del bullicio con que se acoge a la noche y sus promesas. Los jardines y palmeras de la *Plaza de Mayo*, el centro vivo de la ciudad, testigo de los hechos históricos más importantes del país, compiten con la exótica arboleda de la *Plaza San Martín*, una de las zonas más atractivas y elegantes, por las que pasan todas las personalidades internacionales. Aquí siempre se tiene la sensación de que no alcanza el tiempo y de que dos ojos son pocos para ver todo lo que se desea.

¿LO HAS ENTENDIDO?

1 ¿Dónde está situada Buenos Aires?

2 ¿Cómo se llaman los habitantes de Buenos Aires? ¿Cómo son?

3 ¿Qué ofrece la ciudad a las personas que viven en ella?

4 ¿Cómo es la Plaza de San Martín?

5 ¿Qué impresión general tienes de Buenos Aires?

   a un lugar poco interesante y aburrido

   b una ciudad alegre, atractiva y llena de vida

   c una ciudad moderna y europea

TOMA NOTA

Fíjate en esta frase.

> ***Nadar** es un buen ejercicio para la espalda.*

El infinitivo se utiliza en español como sujeto de una oración. Hay dos ejemplos en el artículo. Búscalos.

1 Relaciona las frases de estas dos columnas.

   A Ser tolerante

   B Beber mucha agua

   C Proteger las especies en peligro

   D Independizarse de los padres

   E Vivir en el campo

   F Ir a la universidad

   1 es el objetivo de esta organización ecologista.

   2 es difícil para los jóvenes sin trabajo.

   3 te ayuda a mejorar tu educación.

   4 resulta más tranquilo que vivir en la ciudad.

   5 significa respetar las opiniones de los demás.

   6 es bueno para la salud.

2 Completa estas frases con tus propias ideas.

   A Viajar...

   B Estudiar idiomas...

   C Vivir en una gran ciudad...

   D Hacer ejercicio...

   E Ver la televisión…

   F Comprar en las rebajas…

AMPLÍA TU VOCABULARIO

urbe ciudad
se enorgullece se siente orgullosa de
polifacética que ofrece muchas cosas
entrañable afectuosa, cariñosa
a orillas de situada al lado de
trasluce refleja
herencia legado cultural, influencia
rincón lugar pequeño
aceras adoquinadas parte de la calle destinada a los peatones cubierta de piedras rectangulares
rezuman poseen, transpiran
porteños habitantes de Buenos Aires
bullicio animación, ruido de mucha gente
se acoge se recibe
no alcanza no es suficiente

Y TÚ, ¿CÓMO LO VES?

1 En tu país, ¿en qué tipo de vivienda prefiere vivir la gente?

   a en un piso

   b en bloques de apartamentos

   c en casas con jardín

   d en un bungaló

2 ¿Cómo es tu vivienda? ¿Qué es lo que más te gusta del lugar donde vives? ¿Y lo que menos? ¿Qué cambiarías? ¿Cómo es para ti la casa perfecta?

3 ¿En qué ciudad del mundo te gustaría vivir? ¿Por qué?

4 Para ti, ¿dónde hay más calidad de vida, en la ciudad o en el campo? ¿Por qué?

EN LA ONDA

1 ¿Qué aspectos te parecen más importantes en una ciudad/un pueblo? Pon estos factores en orden de preferencia.

a el clima/estar cerca del mar o la montaña
b la oferta cultural y actividades de ocio
c la seguridad ciudadana
d los espacios verdes/zonas peatonales
e la arquitectura y buen desarrollo urbanístico
f la red de transporte y comunicaciones
g el precio de la vivienda (compra y alquiler)
h la tranquilidad y la paz

2 ¿Verdadero o falso? Escucha la conversación entre Miguel, un chico de Barcelona, y su amigo mexicano, Alejandro. Decide si estas afirmaciones son verdaderas o falsas.

A Es la segunda vez que Alejandro visita Barcelona.

B A Alejandro le interesa el arte.

C A Miguel le gusta vivir junto al mar.

D Los mexicanos llaman a Ciudad de México el DC.

E En la capital mexicana los turistas no son bienvenidos.

F Para Miguel vivir en la ciudad no es positivo.

G Según Alejandro hay más problemas sociales en la ciudad.

H A Miguel le gusta escaparse de la vida urbana a veces.

3 En parejas habla con tu compañero/a de estos temas.

A ¿Qué te gusta de tu pueblo/ciudad?

B ¿Qué aspectos positivos/negativos tiene?

C ¿Qué hace la gente en el tiempo libre?

D ¿Qué atracciones tiene para el visitante?

¡TIENES LA PALABRA!

1 En parejas mira los anuncios de *Inmobiliaria Hicasa* y escoge uno de estos papeles.

Cliente

Por tus estudios/trabajo vas a vivir a una ciudad de habla española. Necesitas alquilar un piso. Prepara una lista de todo lo que necesitas y de las condiciones (depósito, alquiler mínimo...). Pide más información al encargado de la inmobiliaria.

Agente inmobiliario

Tienes varios apartamentos que pueden interesar a tu cliente. Inventa el resto de la información (precio...) para responder a las preguntas del cliente. Explícale las condiciones y pregunta cuándo quiere verlos.

INMOBILIARIA HICASA

Se alquila apartamento céntrico. 2 habitaciones, baño, sala-comedor, cocina equipada, balcón y ascensor. Totalmente amueblado. 50m². Precio negociable.

Apto. para alquilar en el barrio de Granada. Aparcamiento, antena parabólica, teléfono, 2 dormitorios, baño, cocina, sala. Espacioso. Amueblado completamente. Buen precio.

Apartamento soleado, zona tranquila residencial con piscina, 110 m². Excelente estado, quinto piso. 3 habitaciones, sala-comedor, cocina, baño, terraza. Sin amueblar. Alquiler mínimo 6 meses.

2 En grupos observa y lee el cómic. Luego contesta a las preguntas.

  A Describe brevemente la escena.

  B ¿Qué efecto pretende conseguir el director de la oficina? ¿Crees que el resto de los empleados tiene la misma opinión? ¿Por qué?

  C Neurosis, estrés, ansia.... ¿Qué efectos negativos tiene vivir en una gran ciudad?

  D ¿Cómo podemos hacer la vida en las grandes ciudades más soportable y agradable?

~SÍ, CLARO, NO ES COMO VIVIR EN EL CAMPO, PERO NO ME DIRÁ QUE EN MEDIO DE TODA LA LOCURA, EL ANSIA, LA NEUROSIS Y EL STRESS QUE PRODUCE LA CIUDAD, TRAER UN POCO DE ESTA SERENA PAZ RURAL NO LE CALMA EL ESPÍRITU A CUALQUIERA.

┌─ AMPLÍA TU VOCABULARIO ─┐

locura estado de loco, alienación
ansia preocupación, agitación
paz tranquilidad
rural del campo
calma tranquiliza
cualquiera cualquier persona

3 Entre toda la clase comenta tus opiniones sobre estos temas.

¿**Cómo te imaginas la ciudad del futuro?**

¿**Crees que algún día será posible vivir en el espacio, en la Luna o en algún otro planeta?**

¿**Cómo será la casa del futuro? ¿Estará todo controlado por computador? ¿Qué ventajas tendría vivir en una casa cibernética?**

POR ESCRITO

1 ¿Cómo sería tu vivienda ideal? Describe la casa de tus sueños. Incluye información sobre su localización, las habitaciones, la decoración y todo lo que sea importante. (200 palabras)

2 Describe detalladamente el lugar donde vives: el tipo de vivienda, el ambiente, la gente, la calidad de vida y las actividades culturales que hay. (250-300 palabras)

3 ¿Campo o ciudad? Escribe sobre las ventajas e inconvenientes de vivir en una gran ciudad y vivir en un pueblo. (250 palabras)

Ciudad pros/contras	Pueblo pros/contras

PUNTO DE MIRA

1 ¿Te interesa conocer detalles de la vida de tus ídolos y de los famosos? ¿Qué te gusta saber de ellos?

2 ¿Te gusta hojear o leer las revistas del corazón? ¿Por qué?

> La vida de los ricos y famosos despierta el interés y la atención de mucha gente. Pero, ¿es también un negocio millonario? Lee el siguiente artículo.

PAPARAZZI

Como los vampiros, viven al acecho de su presa. Se ocultan, se disfrazan de meseros, policías o enfermeros, pasan 24 horas sin dormir, vigilando la entrada o salida de algún famoso, y hasta se cuelgan de un helicóptero, cámara en mano, pues no les importa arriesgar la vida si obtienen *la* foto. Unos se especializan en la realeza. Otros persiguen a los políticos. Son los *paparazzi*.

Con sus cámaras fotográficas o de vídeo, y sus lentes de largo alcance, persiguen y asaltan a las celebridades. "Nuestra meta es conseguir la imagen más caliente o comprometedora", dice un fotógrafo de un semanario sensacionalista. "La foto te puede reportar ganancias de hasta seis figuras". Es por eso que los "vampiros del lente" ya no se limitan a perseguir la noticia; ahora la *fabrican*.

Hasta el momento los tribunales han fallado *a favor* de las víctimas del acoso. En Francia y otros países de Europa, así como en muchos de América Latina, el derecho a la protección de la vida privada figura en la legislación nacional. Sin embargo, en Inglaterra y Estados Unidos no es así.

Un caso que demuestra exactamente hasta qué punto son capaces de llegar los "vampiros del lente" es el del Príncipe Felipe de España y Gigi Howard. Cuando una revista española descubrió que el príncipe se veía con Howard, montó una prodigiosa cacería que, partiendo de España, llegó a la isla de San Martín, continuó a Miami y culminó en Nueva York, donde un grupo de detectives privados se dedicó a vigilar la residencia de Howard. Fotos de los jóvenes en la playa despertaron el interés de otras revistas...Y el asunto estalló cuando se descubrió que habían estado interceptando llamadas del teléfono de la joven. El periodista español Carlos Hugo Arriazu fue condenado en un tribunal de Nueva York a seis meses de prisión. Al justificar su decisión, el juez afirmó que "la privacidad de la joven y el código ético de la profesión periodística fueron violados por el acusado".

¿LO HAS ENTENDIDO?

1 ¿Qué son los *paparazzi* y cuál es su objetivo?

2 ¿Con quién se compara a los *paparazzi*?

3 ¿Qué hacen para obtener las fotos de los famosos?

4 ¿En qué países es ley el derecho a la protección de la vida privada? ¿En qué países no lo es?

5 ¿A quién perseguía Carlos Hugo Arriazu? ¿Cómo terminó todo?

TOMA NOTA

Fíjate en la estructura.

Ser (pretérito indefinido)	+ participio de pasado
fui *entrevistado/a*	**fuimos** *acosados/as*
fuiste *examinado/a*	**fuisteis** *arrestados/as*
fue *preguntado/a*	**fueron** *perseguidos/as*

Se utiliza esta estructura verbal para formar el pretérito de la voz pasiva. La voz pasiva indica un cambio de énfasis en la frase. Hay dos ejemplos de esta estructura en *Paparazzi*. Búscalos.

1 Completa estas frases con el pretérito indefinido de *ser* y el participio de pasado.

A El *paparazzo* _____ (*ser* + *arrestar*) por acosar a su víctima.

B La guapa modelo _____ (*ser* + *descubrir*) cuando tenía sólo 13 años.

C Los atracadores del banco _____ (*ser* + *perseguir*) por la policía.

2 Transforma estas frases de activa a pasiva. Haz todos los cambios necesarios.

A El jurado galardonó la película con el premio a la mejor dirección y fotografía.

B El actor demandó al periodista por intrusión en la vida privada.

C El profesor castigó a sus alumnos sin recreo por llegar tarde.

AMPLÍA TU VOCABULARIO

al acecho de vigilando
presa víctima
se disfrazan de se visten de
meseros (*Am Lat*) personas que sirven las mesas en bares y restaurantes; camareros (*Esp*)
se cuelgan de se suspenden de
arriesgar poner en peligro
la realeza la familia real
meta objetivo
semanario publicación semanal, revista
reportar ganancias dar beneficios económicos
acoso persecución
cacería persecución
estalló explotó
fueron violados fueron infringidos

Y TÚ, ¿CÓMO LO VES?

1 Los *paparazzi* son capaces de cualquier cosa con tal de obtener una foto indiscreta. ¿Qué opinas de su trabajo? ¿Qué consecuencias tienen sus acciones? Si fueras un famoso, ¿cómo reaccionarías ante ellos?

2 ¿Qué atracción tiene leer las revistas del corazón y ver los programas de televisión donde se cuentan las intimidades y escándalos de los famosos? ¿Por qué hay tanto interés por la vida de estas personas? ¿Crees que es un gran negocio? ¿A quién beneficia?

3 Hablar de los demás, lo que se conoce también como el "cotilleo" o "chisme", es una costumbre normal en nuestra sociedad. ¿Por qué le gusta a la gente cotillear? En tu opinión, ¿quiénes son más cotillas, los hombres o las mujeres?

EN LA ONDA

1 Hay distintos tipos de publicaciones: revistas, periódicos, semanarios.... ¿Cuál prefieres leer y por qué? Da ejemplos concretos sobre publicaciones en tu país que te gustan.

- de interés político
- de actualidad
- de economía
- de deportes
- de informática/computación

- de música
- de cine
- de fotografía
- de belleza y moda
- del corazón

2 Escucha a dos amigos, Guadalupe y Miguel, que se encuentran casualmente en el vestíbulo del *Hotel Continental*. Completa con toda la información apropiada.

A Miguel está en el hotel porque tiene que _____ .

B Miguel estudió _____ en la universidad y fue _____ del _____ . Ahora trabaja para _____ .

C Para ser un buen periodista hay que tener _____ y saber _____ .

D A Miguel le gusta su trabajo porque es _____ y le ofrece la oportunidad de _____ .

E Un aspecto negativo de su profesión es que es _____ .

F Los fotógrafos hacen su trabajo para satisfacer _____ .

G Los famosos son _____ . La explotación de sus vidas se ha convertido en un _____ .

H A la gente le gusta hablar de los famosos porque es un modo de _____ .

¡TIENES LA PALABRA!

1 En grupos de tres observa las portadas de estas publicaciones y decide de qué tipo son (de cultura, políticas, económicas, del corazón, deportivas, para jóvenes...).

2 Entre toda la clase comenta tus opiniones sobre estos temas.

 ¿Tiene la prensa demasiado poder?

  ¿Qué responsabilidad y función tienen los medios de comunicación ante la sociedad?

 ¿Dónde debe estar el límite entre información y privacidad? ¿Qué leyes hay en tu país sobre este tema?

 ¿Por qué la prensa sensacionalista es un gran negocio? ¿Es la ley de la oferta y la demanda?

3 Se divide la clase en dos grupos, **los famosos** y **los** *paparazzi*, para defender el tema *Derecho a la vida privada, ¿sí o no?*

Los *paparazzi* **dicen:**

'Los famosos utilizan su imagen pública para promocionar sus películas, sus canciones... y para obtener muchos privilegios. Algunos comercializan su vida vendiendo exclusivas a las revistas. Ellos nos utilizan para beneficiarse personalmente'.

Los famosos dicen:

'Los *paparazzi* nos hacen la vida imposible. No respetan nuestra intimidad. Sólo buscan hacerse ricos a nuestra costa'.

POR ESCRITO

1 Escribe una lista de las diferencias entre la prensa seria y la sensacionalista. Da ejemplos de publicaciones de tu país.

Título	Formato	Contenido	Tipo de lector

2 *"Periodista condenado a seis meses de cárcel".* Elabora la noticia de este titular. (150-200 palabras)

3 Muchos jóvenes sueñan con ser periodistas. ¿Qué atractivos e inconvenientes tiene esta profesión para ti y qué medio informativo prefieres? (prensa escrita, radio, televisión...).

PUNTO DE MIRA

1 ¡Ponte a prueba! Anota todos los medios de transporte que conozcas en estos tres grupos:

Por tierra: bicicleta... /

Por agua: canoa... / **Por aire:** globo...

¿Cuál es tu medio de transporte favorito?

2 ¿Qué entiendes por
  a turismo cultural?
  b turismo verde/rural o ecoturismo?
  c turismo de masas?

Viajar amplía nuestros horizontes y enriquece nuestras mentes. Vas a leer un texto sobre la otra cara del turismo.

Turistas en masa
Los nuevos conquistadores arrasan pueblos enteros

El turismo será la mayor industria mundial antes de fin de siglo. Cada año se realizan alrededor de 500 millones de viajes que producen enormes beneficios. Según la Organización Mundial del Turismo, unos 118 millones de personas viven de esta industria.

Semejante monstruo no se detiene ante nada ni ante nadie. Tras haber exprimido las buenas condiciones turísticas de los países ricos buscan ahora los lugares más remotos, donde pueden encontrar algo distinto a lo cotidiano: otros países, otra naturaleza, otros pueblos.

Los maka de Paraguay, por ejemplo, eran un grupo indígena nómada del Chaco, con una rica cultura.

Ahora viven atrapados en una reserva-islote de 335 hectáreas. Con la pérdida de sus tierras y su progresiva dependencia del turismo, han olvidado muchos de sus antiguos conocimientos.

Para complacer a los turistas, las jóvenes se pintan la cara con pinturas de guerra hechas con lápiz de labios. Como ésta hay mil historias patéticas que demuestran hasta qué punto el turismo puede ser la nueva versión de las conquistas de siglos pasados, que arrasaron pueblos enteros.

La organización Survival International, de ayuda a los pueblos indígenas, está desarrollando una campaña para dar a conocer el enorme impacto del turismo masivo. Para Survival, "la palabra clave es control; los pueblos indígenas no sólo tienen derecho a sus tierras, sino también a decidir lo que pase en ellas".

Pero hay otras maneras de que el turismo se acerque a los pueblos indígenas. En Australia, los aborígenes de Queensland del Norte son los guías turísticos dentro de sus reservas.

Algunos pueblos indígenas deciden voluntariamente mostrar su cultura para compartir con personas de otros países sus problemas o su identidad amenazada. Así lo han hecho pueblos del Tíbet, Indonesia o Tailandia.

¿LO HAS ENTENDIDO?

1 La industria turística, ¿va a crecer o disminuir en el futuro? ¿Cuál es su objetivo en estos momentos?

2 ¿Ha afectado el turismo a los maka de Paraguay? ¿De forma positiva o negativa?

3 ¿Con qué se compara el turismo? ¿Por qué? Razona tu respuesta.

4 ¿Existen otras formas de viajar más positivas? ¿Cuáles son? ¿Qué diferencias tienen con el turismo masivo?

TOMA NOTA

Fíjate en estas frases del texto.

> *"Los maka de Paraguay, por ejemplo, **eran** un grupo indígena nómada.... Ahora viven atrapados en una reserva-islote...".*

Utilizamos el imperfecto para contrastar entre el presente y el pasado. También se utiliza para hacer descripciones generales en el pasado y para hablar de los recuerdos de la infancia.

1 ¿Qué más cosas han cambiado en la vida de los maka? Lee otra vez el texto y exprésalas utilizando el imperfecto.

2 *"Cuando era pequeño..."*. ¿Qué recuerdas de tu infancia? (escuela, vacaciones, pasatiempos...). ¿Cómo ha cambiado tu vida? Escribe una lista de las cosas que hacías antes y coméntalas con tu compañero/a.

3 Entre toda la clase hay que inventar una historia descriptiva en el pasado. Cada estudiante añade una frase nueva hasta completar la historia. Se puede empezar así:

Ejemplo

Estudiante 1°: *Ayer en el tren **había** un hombre.*

Estudiante 2°: *El hombre **llevaba** un abrigo gris.*

Estudiante 3°: ...

AMPLÍA TU VOCABULARIO

semejante (con sentido enfático) tan grande
exprimido explotado
remotos distantes, apartados
cotidiano de todos los días
indígena habitante nativo de un país
nómada que viaja de un sitio para otro
islote isla pequeña
hectáreas medida agraria; comprende 100 áreas
complacer agradar, gustar
arrasaron destruyeron
clave esencial
se acerque se aproxime, contacte
amenazada en peligro

Y TÚ, ¿CÓMO LO VES?

1 ¿Te gusta viajar porque
   a te interesa conocer otros pueblos y culturas?
   b quieres relajarte en la playa y divertirte por la noche?
   c te atrae la aventura de lo exótico y desconocido?

2 ¿Cómo y dónde pasas tus vacaciones normalmente? ¿Qué es lo que más te interesa de los sitios que visitas? (los monumentos, la gastronomía, las tradiciones, el ambiente nocturno...). Explica.

3 ¿Prefieres viajar en un grupo organizado por una agencia o por tu cuenta, con mochila y a la aventura? ¿Qué ventajas e inconvenientes tienen ambas modalidades de hacer turismo?

EN LA ONDA

1 Antes de salir de viaje,

    a ¿vas a la oficina de turismo para pedir información?

    b ¿te compras una guía del país o lugares que vas a visitar?

    c ¿planeas con todo detalle el itinerario de cada día?

    d si viajas a otro país, ¿intentas aprender unas frases útiles del idioma para comunicarte mejor?

2 ¿Verdadero o falso? Escucha a estas personas en una agencia de viajes y decide si las siguientes afirmaciones son verdaderas o falsas. Corrige la información incorrecta.

    A El cliente está interesado en el turismo alternativo.

    B *Arco Iris* es una agencia de viajes convencional.

    C Ahora la gente prefiere el turismo verde.

    D El ecoturismo destruye el paisaje y las culturas tradicionales.

    E El ecoturista se aloja en grandes hoteles lujosos.

    F En los viajes de convivencia los grupos son pequeños.

    G El turista ecológico quiere disfrutar de la naturaleza sin perjudicarla.

3 Escucha otra vez la conversación y responde.

    A ¿Cuál es la filosofía del ecoturismo?

    B ¿Qué diferencias ves entre un viaje comercial y los viajes de convivencia?

    C En tu opinión, ¿qué ventajas e inconvenientes tiene el ecoturismo?

¡TIENES LA PALABRA!

1 En grupos escoge una ciudad/una zona del mundo que te gustaría visitar. Planea tu viaje ideal (de aventura, exótico, ecológico, de convivencia, deportivo...). Piensa en el itinerario para cada día y lo que necesitas llevar. Luego cada grupo lo cuenta al resto de la clase.

ITINERARIO

- Destino
- Transporte
- Fecha/duración
- Equipaje
- Alojamiento
- Sitios de interés
- Actividades
- Compras

TROTAMUNDOS

2 En la agencia de turismo. En grupos de tres escoge uno de estos papeles.

Agente de viaje

Trabajas en una agencia de turismo. Pregunta a los clientes qué les interesa hacer en sus vacaciones. Utiliza la información de México para aconsejarles sobre sus destinos ideales.

Turista 1°

Te interesan los viajes activos para practicar deportes acuáticos y actividades al aire libre. Pregunta en la agencia qué destinos son buenos para tus preferencias.

Turista 2°

Te gusta observar a los animales. Prefieres unas vacaciones en contacto con la naturaleza. ¿Qué ofertas hay para ti?

RUTAS ECOTURÍSTICAS.
MUCHO MÁS QUE NATURALEZA EN VIVO:
UN MUNDO POR DESCUBRIR.

Déjate sorprender por todas las posibilidades de unas vacaciones en México. Combina la tranquilidad de las más bellas playas con la cultura, la historia, el arte, la arquitectura y el alegre carácter mexicano. Porque en México todo es nuevo y sorprendente, ¡ven a conocerlo!... tienes todo un mundo por descubrir. Para más información, consulta en tu agencia de viajes.

3 Entre toda la clase comenta tus opiniones sobre estos temas.

 ¿Cuáles son los destinos preferidos por los turistas en tu país? ¿Por qué? ¿Qué busca el típico turista de tu país en sus vacaciones?

 ¿Qué aspectos positivos y negativos tiene el turismo para los países y las personas que lo reciben?

 ¿Cómo podemos desarrollar un turismo responsable, de sensitividad cultural hacia los lugares visitados?

POR ESCRITO

1 Diseña un anuncio como el de México para promocionar tu país y atraer a turistas españoles y de Latinoamérica.

2 Imagina que eres uno de los maka de Paraguay. Describe cómo el turismo ha cambiado la vida y las costumbres de tu tribu y cómo ves el futuro de tu pueblo.

3 Trabajas como guía turístico durante el verano mostrando a los turistas españoles y latinoamericanos tu ciudad/región. Prepara una presentación con los lugares de interés. Incluye información sobre las actividades que pueden realizar en cada uno. (250 palabras)

PUNTO DE MIRA

¿Qué significa la historia para ti? Razona tu respuesta.

a una de las asignaturas del colegio
b algo realmente apasionante e interesante
c un instrumento para conocer nuestro pasado
y el comportamiento de las personas
d algo que afecta a nuestro futuro

Latinoamérica conserva un rico pasado histórico de sus antiguas culturas. Lee este texto para descubrir un lugar misterioso y espectacular.

Machu Picchu

La ciudad escondida

Durante siglos permaneció en silencio. Erigido piedra sobre piedra, Machu Picchu es el monumento arquitectónico más importante del Perú, y uno de los más extraordinarios de la humanidad.

La ciudad perdida de los incas, situada a 2.400 metros sobre el nivel del mar (en el sur del Perú, a 112 kilómetros de Cusco), fue pensada para encajar armónicamente en un paisaje montañoso estrecho y de difícil acceso.

Machu Picchu significa "cerro viejo". "¿Me creerá alguien lo que aquí descubrí?", escribió Hiram Bingham en su diario de viaje luego de hallar, el 24 de julio de 1911, las ruinas incaicas. Bingham llegó al Perú en una expedición organizada por la Universidad de Yale, buscando la ciudad de los descendientes de los soberanos incas.

Cuando llegó al valle del Urubamba, en la desolada localidad de Mandorbamba, el campesino Melchor Arteaga le contó que en lo más alto del cerro Machu Picchu se encontraban unas ruinas. El investigador había escuchado sobre diversas ciudades perdidas en el Perú, e insistió ser conducido a las mismas. Bingham también descubrió otros complejos arquitectónicos de la región.

A pesar de que hay varias versiones sobre el enigma de Machu Picchu, no hay duda, por la forma de su construcción, los objetos de alfarería y de metalurgia, que las ruinas datan del período de apogeo de la cultura inca (1438-1532), la última de las culturas andinas, con una tradición de 3.000 años.

La silenciosa ciudad, centro de culto y ceremonias, está compuesta por dos zonas bien diferenciadas: el sector agrario y el urbano. Durante la época de la conquista española, los incas jamás revelaron el secreto de Machu Picchu. Su estratégica ubicación hace suponer que habría sido un puesto de avanzada en los esfuerzos de hegemonía inca por dominar la región del Amazonas, que se inicia precisamente en Cusco.

También se encontraron 135 esqueletos: 109 de mujeres, 22 de hombres y el resto de niños. A raíz de esto, Bingham supuso que los últimos habitantes de Machu Picchu habrían sido las "vírgenes del sol" o Acllas.

¿LO HAS ENTENDIDO?

1 ¿Qué es Machu Picchu y dónde se encuentra?

2 ¿Quién era Hiram Bingham? ¿Por qué fue al Perú?

3 ¿Qué le dijo Melchor Arteaga a Bingham?

4 ¿Qué se encontró en las ruinas de la ciudad inca?

TOMA NOTA

Fíjate en estas frases del texto.

> *"Durante siglos **permaneció** en silencio".*
>
> *"El investigador **había escuchado** sobre diversas ciudades perdidas en el Perú...".*

El pretérito indica acciones realizadas y completadas en el pasado. También se utiliza para una acción continuada durante un periodo de tiempo de duración finita.

El pluscuamperfecto se forma con el imperfecto del verbo *haber* y el participio de pasado. Se utiliza para acciones o sucesos que preceden a otra acción en el pasado.

1 Vuelve a leer el texto y anota los verbos en el pasado.

2 Completa esta información sobre los aztecas utilizando el pretérito.

A Los aztecas _____ (*ser*) feroces guerreros. _____ (*llegar*) al Valle de México en el siglo XII y su imperio _____ (*ocupar*) México central entre 1300 y 1521.

B En 1325 los aztecas _____ (*fundar*) su capital en Tenochtitlán.

C La civilización azteca _____ (*desarrollar*) una cultura muy compleja en las artes, la arquitectura y el comercio.

D El conquistador español Hernán Cortés _____ (*desembarcar*) en las costas mexicanas en 1519.

AMPLÍA TU VOCABULARIO

erigido construido
arquitectónico relativo a la arquitectura de los edificios
encajar integrarse
cerro monte
hallar descubrir
soberanos reyes
campesino persona que trabaja el campo
a pesar de que aunque
enigma misterio
alfarería cerámica
apogeo esplendor, época dorada
andinas de los Andes
agrario agrícola
época periodo
ubicación situación
a raíz de esto por esta razón
Acllas vírgenes consagradas al dios sol

Y TÚ, ¿CÓMO LO VES?

1 Al hombre siempre le interesó investigar el origen de las cosas. ¿Te interesa el pasado? ¿Por qué? ¿Qué sabes de tus antepasados familiares? ¿Te interesaría conocer la historia de tu familia? ¿Qué sentido tiene explorar el pasado?

2 ¿Son necesarios los museos? ¿Qué función cumplen? ¿Qué museos hay en tu ciudad? ¿Qué se exhibe en ellos? ¿Qué tipo de museos prefieres? (De ciencia, de historia natural, de arte ...).

3 ¿Te parece importante preservar las ruinas y los restos de las civilizaciones pasadas? ¿Por qué?

4 ¿Qué atractivo tiene para el turista visitar lugares míticos e históricos? ¿Te atrae esta modalidad de viajes? Explica.

EN LA ONDA

1 En grupos de tres descubre qué letras faltan para completar estas palabras.

La expedición	Los participantes	Los objetivos
r_t_	_ _plor_dor	in_ _ _tigar
_tiner_rio	_ _queólog_	expl_ _ _ción
_ _ario de viaj_	historia_ _ _	descubrim _ _ _to
tr_ _spor_ _	_ven_ _rero	estu_ _ _
equi_ _	in_ _ _tigador	r_ _nas
m_p_	_ _tudioso	civili _ _ _ión

2 Escucha a Mónica, guía de un museo, mostrando a los visitantes los tesoros culturales de México. Completa estas frases con la información que oigas.

A Tulum y Chichén Itzá fueron centros _____ y de _____ .

B Tulum es una _____ amurallada situada sobre el _____ . La vista allí es _____ .

C Chichén Itzá está en la _____ del Yucatán, en el _____ de México. Allí hay una _____ dedicada a Quetzalcóatl, el _____ de los _____ . Tiene _____ escaleras. Quetzalcóatl es representado en forma de _____ .

D Los sacerdotes mayas _____ los misterios del _____ . Vivían en gigantescos _____ de _____ .

E Los _____ construyeron _____ astronómicos e inventaron un _____ muy _____ .

F Los colores _____ de los mayas eran _____ , _____ , _____ y _____ .

¡TIENES LA PALABRA!

1 En la embajada cultural del Perú. En parejas escoge uno de estos papeles.

Visitante

Tienes intención de hacer una expedición a pie para ver Machu Picchu. Pide información sobre el lugar, cómo se puede ir, cuál es la mejor opción y qué precauciones tienes que tomar.

Asistente

Trabajas de relaciones públicas en la embajada. Lee esta información sobre el Camino del Inca y responde a las preguntas del visitante. Infórmale sobre los tipos de expediciones que hay, el precio y las precauciones para el viaje.

MACHU PICCHU
CAMINO DEL INCA

Historia

Perú es uno de los países más misteriosos de Latinoamérica. Para llegar a Machu Picchu hay que recorrer el tradicional Camino del Inca. Éste puede realizarse de varias formas:

Consejos

Independientemente: se necesita equipo de montaña y alimentos.

Con agencias poco fiables: una caminata o *trekking* de tres días. Entre $100 y $150 todo incluido.

Con una agencia acreditada y de prestigio: $300. Incluye: cuatro días de caminata, buen equipo de montaña, comida y guía para enseñar Machu Picchu.

Precauciones

Respete la altitud. No tome comidas pesadas ni beba alcohol. Si le afecta el soroche (mal de las alturas) descanse y tome té de coca.

2 Las misteriosas líneas de Nasca (Perú), los gigantescos *moais* de la Isla de Pascua.... Entre toda la clase comenta tus opiniones sobre estos temas.

 ¿Podemos aprender algo de las civilizaciones antiguas?

Imagina que tienes que hacer una cápsula del tiempo. ¿Qué objetos incluirías para simbolizar y representar la vida en el siglo XX? Explica las razones.

¿Crees que los edificios y monumentos del siglo XX durarán más de 1000 años? ¿Qué visitará la gente en el siglo XXII?

POR ESCRITO

1 En grupos investiga sobre una de las civilizaciones: inca, azteca o maya. Después realiza una exposición oral en clase con ayuda de fotografías, pósters o ilustraciones. Puedes exponer el trabajo en tu aula de español.

Ejemplo

La arquitectura maya es impresionante. Construyeron pirámides, palacios y templos. Los sacerdotes vivían en los templos para estudiar los misterios del cosmos y adorar a los dioses del sol, la lluvia y la luna.

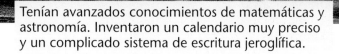

Los mayas fueron una antigua civilización. Su poder e influencia se extendía por el sur de México y la península del Yucatán, Guatemala, Belice y parte de Honduras y El Salvador.

Tenían avanzados conocimientos de matemáticas y astronomía. Inventaron un calendario muy preciso y un complicado sistema de escritura jeroglífica.

2 ¿Cuánto sabes de tu pasado? Dibuja el árbol genealógico de tu familia y escribe unas frases con información sobre cada miembro.

3 Imagina que eres Hiram Bingham. Escribe un día de su diario de viaje. (200 palabras)

4 Concurso *Expedición cultural a Latinoamérica*. Para ser seleccionado escribe por qué te gustaría participar, cuál sería tu contribución personal al proyecto y por qué eres el candidato ideal. (250 palabras)

PUNTO DE MIRA

¿Qué experiencias de trabajo has tenido? ¿Fueron positivas? ¿En qué te gustaría trabajar? ¿Por qué? ¿Qué ventajas e inconvenientes tiene ese trabajo?

¿Será posible en un futuro trabajar sin salir de casa, libres de horarios estrictos? Lee este artículo para averiguarlo.

La oficina en casa

El teletrabajo se puede describir como un sistema de trabajo a distancia, donde el trabajador recibe por vía telemática las instrucciones y devuelve el resultado de su labor de la misma manera. Existen muchas formas de teletrabajar, desde la persona que realiza trabajos determinados para empresas como autónomo, pasando por las empresas que han puesto parte de su plantilla a trabajar en casa porque lo consideran más rentable, hasta llegar a aquellas personas que se buscan la vida a través de Internet.

Gracias al desarrollo de la informática y de las telecomunicaciones, millones de personas teletrabajan. En el futuro abarcará aquellos trabajos que no requieran la presencia física de una persona.

Isabel Hoyos trabajó durante siete años como secretaria bilingüe en una oficina. Al tener una hija decidió trabajar desde casa, ofreciéndose a varias empresas como traductora especializada en informática. Ya lleva seis años como teletrabajadora.

Entre las ventajas que le reporta trabajar en casa, *Isabel* destaca la flexibilidad de horarios, y la posibilidad de vivir donde quiera. *"Vivo en mitad del campo y es maravilloso. No tengo que perder el tiempo en transportes, ni gastar en ropas de oficina o en salir a comer a restaurantes"*. Cree que si el teletrabajo sigue prosperando podrá ayudar a sectores con problemas para encontrar empleos adecuados a sus necesidades, como las mujeres con niños o los discapacitados físicos.

Pero no todo es de color de rosa en el mundo del teletrabajo. La mayoría de profesionales trabajan por proyecto; el concepto de trabajo seguro no existe. Los teletrabajadores corren el peligro de aislarse excesivamente de la sociedad.

A decir de los expertos, se está atravesando una fase de transición de la sociedad industrial a la de la información. Labores que antes necesitaban varias personas, pueden ser realizadas ahora por una sola gracias al teletrabajo, por lo que, a corto plazo este sistema está destruyendo empleo. A medida que entremos en la sociedad de la información habrá más trabajos que se puedan hacer a distancia. Las posibilidades son grandes, pero hay que adecuarse a la tecnología.

¿LO HAS ENTENDIDO?

1 ¿Qué es el teletrabajo?

2 ¿De qué forma ha mejorado la vida de Isabel Hoyos?

3 ¿A qué sectores de las población puede beneficiar el teletrabajo?

4 ¿Cuáles son los peligros?

TOMA NOTA

Fíjate en la estructura.

El futuro simple

-AR / -ER / -IR		Irregulares	
trabajar**é**	trabajar**emos**	tener - ten**dré**	poder - po**dré**
trabajar**ás**	trabajar**éis**	salir - sal**dré**	decir - di**ré**
trabajar**á**	trabajar**án**	hacer - ha**ré**	querer - que**rré**

El futuro simple se utiliza para hacer predicciones. Las terminaciones se añaden al infinitivo. Las tres conjugaciones tienen las mismas terminaciones. Busca los ejemplos de esta forma verbal en el artículo.

Completa estas frases con el futuro simple.

A El 20% de la población trabajadora _____ (***producir***) el 80% de lo necesario.

B Un 40% _____ (***trabajar***) en empresas muy especializadas.

C Un 40% _____ (***ser***) teletrabajadores que _____ (***hacer***) su trabajo desde casa.

D _____ (***aumentar***) el trabajo a tiempo parcial. El trabajo _____ (***estar***) más repartido.

E El trabajador _____ (***dedicar***) tanto tiempo al trabajo como al estudio.

F _____ (***haber***) más tiempo libre para el ocio.

AMPLÍA TU VOCABULARIO

telemática comunicación informática a distancia
devuelve retorna
labor trabajo
empresas compañías, negocios
autónomo que trabaja para sí mismo
plantilla personal de una empresa
rentable beneficioso económicamente
desarrollo progreso
abarcará comprenderá
requieran necesiten
reporta da
destaca distingue
gastar utilizar el dinero en comprar algo
prosperando progresando
discapacitados con problemas físicos
aislarse estar solo
a decir de en opinión de
a corto plazo a corto tiempo
a medida que cuando, al tiempo que
adecuarse adaptarse

Y TÚ, ¿CÓMO LO VES?

1 ¿Qué profesiones te parecen más aptas para el teletrabajo? ¿Por qué?

2 En tu país, ¿es fácil para los jóvenes conseguir un puesto de trabajo? ¿Crees que el teletrabajo generará más empleo a largo plazo? ¿Lo ves como una posibilidad para tu futuro?

3 El mercado laboral será cada vez más duro y competitivo. ¿Cómo te estás formando para el futuro? ¿Estás preparado/a para sobrevivir a los cambios? Explica.

4 ¿Te parece positiva la utilización de nuevas tecnologías en el trabajo? ¿Cambiarán nuestra forma de trabajar?

EN LA ONDA

1 Mira esta lista de profesiones. ¿Qué conocimientos, experiencia y cualidades personales son necesarios para realizarlas? ¿Crees que estas ocupaciones serán importantes en unos años? ¿Habrá nuevos empleos en el futuro? Explica.

- Diseñador de programas informáticos
- Técnico en robótica e informática
- Técnico en medioambiente
- Experto en dietética y nutrición
- Monitor de deportes de aventura
- Animador sociocultural

2 Un programa de radio está interesado en conocer qué tipo de trabajos realizan los jóvenes durante el verano. Escucha a estos chicos dejar sus mensajes en el contestador de la emisora. Anota la siguiente información para cada uno.

	Fernando	Guadalupe	Mireya
Edad			
Estudios			
Empleo			
Responsabilidades			
Ventajas			
Inconvenientes			

¡TIENES LA PALABRA!

1 En parejas mira las ofertas de empleo y escoge uno de estos papeles.

Candidato

Escoge una de las ofertas y demuestra tu interés en conseguir ese puesto. Habla de tus calificaciones y experiencia laboral. Pregunta sobre las condiciones (horas, salario, contrato...).

Entrevistador

Pregunta al candidato todo lo relacionado con su formación educativa y experiencia. Ofrécele información sobre el puesto vacante.

OFERTAS DE EMPLEO

Importante Cadena Hotelera necesita
JÓVENES
julio, agosto, septiembre
Se requiere: dominio de inglés, español, alemán. Conocimientos de informática. Buena presencia.
Se ofrece: puesto de relaciones públicas. Trato directo con los clientes. Remuneración competitiva. Alojamiento.

Empresa Líder del sector precisa
TELENCUESTADORES

Requisitos:
- Conocimientos de informática
- Facilidad de comunicación
- Experiencia en servicios de atención al cliente

Ofrecemos:
- Formación y equipamiento a cargo de la empresa
- Trabajo desde casa
- Flexibilidad de horarios

2 En grupos de tres lee esta información. Defiende tu posición a favor o en contra del teletrabajo.

El teletrabajador

Ventajas
– jornadas y horarios más flexibles
– trabajo desde casa o centros compartidos de trabajo
– vida más relajada: más tiempo para el ocio, la familia y la autoformación

Inconvenientes
– inestabilidad laboral
– dominio de las nuevas tecnologías
– formación continua
– problemas psicológicos, soledad y estrés

La sociedad

Ventajas
– menos tráfico y menor impacto ambiental
– incorporación de discapacitados y jubilados
– aumento de la calidad de vida
– ampliación de servicios para el ocio y el tiempo libre

Inconvenientes
– menos trabajo: mercado laboral duro y competitivo
– desigualdad entre los que se adaptan a las nuevas tecnologías y los que no
– frustración y aumento de la violencia en las grandes ciudades

3 Entre toda la clase comenta tus opiniones sobre estos temas.

Muchos estudiantes aprovechan las vacaciones del verano para trabajar y conseguir algún dinero extra. En tu país, ¿cuáles son los trabajos preferidos de los jóvenes durante el verano? ¿Por qué?

¿Hay problemas de desempleo en tu país? ¿A quién afecta? ¿Qué tipo de ayuda recibes si estás en el paro (desempleo)?

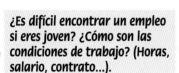
¿Es difícil encontrar un empleo si eres joven? ¿Cómo son las condiciones de trabajo? (Horas, salario, contrato...).

¿Crees que las nuevas tecnologías crearán una sociedad diferente?

POR ESCRITO

1 Estás buscando trabajo en un país de habla hispana.
  A Escribe tu currículo en español para las empresas.
  B Responde a una de las ofertas de empleo anteriores.

2 Describe cómo cambiará nuestra forma de trabajar en el futuro y cómo será la vida de los teletrabajadores. (300 palabras)

CURRICULUM		
Datos personales		
Nombre	*Edad*	*Dirección*
Fecha de nacimiento	*Nacionalidad*	*Teléfono*
Estudios y Calificaciones		
Experiencia Laboral		
Intereses		
Otros		

PUNTO DE MIRA

¿Cuánto sabes sobre las fiestas hispanas? Pon a prueba tus conocimientos. Responde a este sencillo cuestionario.

1 El 12 de octubre, Día de la Hispanidad, es fiesta en España y Latinoamérica porque
  a en ese día Cristóbal Colón llegó al Nuevo Mundo.
  b se conmemora una importante batalla.

2 El Carnaval es una fiesta de tradición
  a indígena.
  b cristiana.

3 La Noche de Muertos es una fiesta importante en
  a México.
  b Venezuela.

4 En España se recibe el nuevo año
  a con fuegos artificiales.
  b comiendo las 12 uvas de la suerte.

En el mundo hispano se celebran numerosas fiestas, muchas de origen muy antiguo. El siguiente texto trata de una milenaria tradición de Perú.

LA FIESTA DEL SOL

La fiesta del Inti Raymi tiene lugar todos los años en el templo de Koricancha, en Huaccaypata (plaza de armas de Cusco) y en Sacsahuamán, el antiguo fuerte militar de los incas.

La altiplanicie de Sacsahuamán situada sobre Cusco es un escenario majestuoso, ubicado a 3.600 metros, donde el Dios Sol vierte cada año su preciosa simiente para que el mundo no se sumerja en las tinieblas.

La fastuosa ceremonia se desarrolló este año en español e inglés, además de en la lengua inca (el quechua), en una bella escenificación por parte de más de 200 actores.

Se llama la Fiesta del Sol porque el 24 de junio marca el solsticio de invierno (cuando la noche es la más larga del año) y el inicio del año agrícola en buena parte de los pueblos andinos, por lo que el Inca pide que la cosecha sea buena en todo el imperio para que su pueblo no pase hambre y sea feliz y próspero.

Antiguamente, decenas de miles de pobladores llegaban cada año por estas fechas a Cusco, donde estaba el centro del arte, la sabiduría y el poder. El Inca, era el centro de la fiesta que tenía lugar en Huaccaypata, la plaza sagrada, donde el Inca rendía los honores al primer rayo de sol.

Esas ceremonias sagradas ya no se celebran en el centro de la ciudad imperial. La noche del 22 de junio se inicia la fiesta con fuegos artificiales frente a la estatua del Inca Pachacútec y finalizan con una concentración masiva en la explanada de las ruinas de Sacsahuamán.

¿LO HAS ENTENDIDO?

1 ¿A qué cultura pertenece esta celebración? ¿Cuándo se celebra y por qué es importante esta fecha?

2 ¿Qué importancia y significado tiene el sol en la fiesta del Inti Raymi?

3 ¿Cuál era la figura principal de esta fiesta y qué misión tenía?

4 En la actualidad, ¿quiénes representan la ceremonia?

TOMA NOTA

Fíjate en esta frase del texto.

> *"...el Inca **pide que** la cosecha **sea** buena... para que su pueblo no **pase** hambre y **sea** feliz y próspero".*

El subjuntivo se utiliza con verbos que expresan deseo como **pedir que, preferir que, querer/desear que**. También se emplea con verbos que expresan órdenes, consejo, necesidad, prohibición, permiso o petición de algo. ¿Cuántos verbos conoces que siguen esta regla? Escribe una lista.

1 Completa las siguientes frases utilizando el presente de subjuntivo.

A El profesor prohíbe que los alumnos _____ (*hablar*) en clase.

B Mi madre me pide que _____ (*ordenar*) mi dormitorio.

C Mi prima desea que yo le _____ (*escribir*) regularmente.

D El director ordena al empleado que _____ (*recibir*) a los clientes.

2 Utiliza el presente de subjuntivo de los verbos entre paréntesis para terminar las frases.

A Mi profesor de español quiere que nosotros (*aprender* los verbos, *estudiar* el vocabulario, *hablar* más en clase, *participar* en los debates, *hacer* los ejercicios, *venir* a clase, *escribir* redacciones y *leer* revistas).

B Mis padres desean que yo (*estudiar* más, *sacar* buenas notas, *ir* a la universidad, *tener* un buen trabajo y *ser* feliz).

C Algunos padres exigen que sus hijos (*volver* a casa pronto, *ayudar* con las tareas domésticas y *estudiar* mucho).

AMPLÍA TU VOCABULARIO

fuerte fortificación
altiplanicie superficie alta y plana
simiente semilla
se sumerja se introduzca
tinieblas oscuridad
fastuosa llena de lujo y espectacularidad
escenificación representación teatral
cosecha recolección de los frutos de la tierra
pobladores habitantes
sabiduría conocimientos
rendía los honores ofrecía homenaje
explanada superficie plana, llanura

Y TÚ, ¿CÓMO LO VES?

1 ¿Te gustan las fiestas que conmemoran algún hecho importante o tradición antigua? ¿Por qué?

2 ¿Qué tradiciones y fiestas hay en tu país? ¿Cuáles son las más importantes? ¿Conoces el origen de estas celebraciones? ¿Hay algunas que se celebran sólo en tu ciudad/región? Explica en qué consisten.

3 El Inti Raymi era una fiesta sagrada. Su celebración hoy día recuerda a los descendientes de los incas la gloria de sus antepasados. ¿Te parece importante preservar este tipo de tradiciones? ¿Por qué?

85

EN LA ONDA

1 ¿Cuántas fiestas españolas o latinoamericanas conoces? En parejas relaciona los elementos y tradiciones con las fiestas mencionadas.

A Carnaval

B Navidad

C Nochevieja

D Semana Santa

ELEMENTOS	TRADICIONES
a los disfraces	**1** comer uvas
b los fuegos artificiales	**2** ir a misa
c las procesiones religiosas	**3** hacer regalos
d los desfiles y comparsas	**4** beber champán
e las bandas de música	**5** comer turrón y mazapán
f el baile	**6** representar la pasión de Jesucristo
g el belén y el árbol de Navidad	**7** recorrer las calles bailando al ritmo de la música

2 ¿Verdadero o falso? Escucha a un turista español hablando con un chico mexicano y decide si las siguientes frases son verdaderas o falsas.

A La Noche de Muertos es una fiesta triste.

B Se celebra el día uno de diciembre.

C Las casas y cementerios se adornan con flores y velas.

D Es tradicional comer la comida favorita del difunto.

E En la Noche de Muertos todos se reúnen en los cementerios para estar con sus familiares desaparecidos.

F Todo el mundo guarda silencio.

G Se comen huesos, esqueletos y calaveras hechos de azúcar.

¡TIENES LA PALABRA!

1 Lee la información sobre los "sanfermines". Son la fiesta más popular de España y también atraen a muchos extranjeros. Luego contesta a las preguntas.

A Mira la fotografía. ¿Cuáles son los elementos principales de los "sanfermines" y qué características tienen?

B ¿Qué diferencias encuentras entre la fiesta del Inti Raymi y los "sanfermines"? ¿Hay alguna similitud? ¿Cuál de las dos prefieres? Razona tu respuesta.

El rojo y el blanco son los colores de la fiesta. La gente viste pantalón y camisa blancos, lleva un pañuelo y una boina rojos.

La fiesta gira en torno al toro: hay encierros y corridas. El encierro comienza todas las mañanas a las ocho cuando los toros recorren las calles de Pamplona hasta llegar a la plaza. La gente corre delante de los toros.

El ambiente está en la calle, donde se bebe y se baila.

2 En la oficina de turismo. En parejas escoge uno de estos papeles.

Empleado/a

Los turistas te piden información sobre fiestas. Lee con atención este folleto turístico y después contesta a las preguntas del visitante.

Turista

Quieres información sobre el Carnaval de Oruro (Bolivia). Pregunta en la oficina de turismo (cuándo y dónde se celebra, qué se puede hacer, cuáles son los elementos principales de la fiesta...).

Carnaval de Oruro

Febrero

Duración: una semana.

No se pierda este fantástico espectáculo lleno de color y alegría. Una de las fiestas más hermosas de Latinoamérica. Mezcla de tradiciones cristianas y nativas.

Actividades: Representación de la Diablada. Los bailarines son todos hombres. Llevan vistosos y pesados trajes y elaboradas máscaras de diablo que simbolizan los siete pecados capitales. El baile es el elemento esencial de la fiesta. Simboliza la batalla de San Miguel contra los pecados: lucha contra los diablos uno por uno y los vence.

Concurso de comparsas de bailarines: ¿quiénes llevan los mejores adornos y las mejores máscaras?

Fuegos artificiales.

3 Entre toda la clase comenta tus opiniones sobre estos temas.

¿ ? ¿Sueles dar fiestas en casa para tus amigos? ¿Qué elementos son importantes para dar una gran fiesta?

¿ ? ¿Te gusta celebrar la Navidad o el Año Nuevo? ¿Cómo se celebran en tu casa? ¿Es diferente a cómo se hace en los países de habla española?

¿ ? Imagina que en tu país sólo permitieran celebrar una fiesta al año. ¿Cuál escogerías tú y por qué razones?

POR ESCRITO

1 Quieres promocionar una fiesta de tu ciudad/país para atraer a turistas de habla española. Diseña un folleto incluyendo toda la información necesaria.

2 En grupos escoge una o dos fiestas del mundo hispano. Infórmate bien y elabora un póster con fotos, mapas, dibujos.... Explica en qué consiste la fiesta, su origen, cuándo se celebra, qué se puede ver y qué recomiendas hacer. Puedes exponer el proyecto en clase una vez terminado.

3 Imagina que estás visitando Cusco o Pamplona durante las fiestas. Escribe una postal a tu profesor/a de español contándole lo que estás haciendo y cómo lo estás pasando.

Ejemplo

Querido profesor:
Estoy pasando ___ en ___ porque ___ . Ayer ___ .
Mañana pienso ___ . Lo que más me gusta es ___ . Lo estoy pasando ___ . La comida es ___ .

Recuerdos,

En tu país, ¿a qué edad comienzan los chicos y chicas a salir por la noche? ¿Qué hacen cuando salen? ¿Hay alguna restricción de horarios?

¿Cómo prevenir la delincuencia juvenil? Vas a leer sobre una medida adoptada en Cali, Colombia.

Menores, a dormir temprano en Cali

Los menores de edad tendrán que acostarse temprano y dejar de deambular las calles de Cali, a partir de la próxima semana.

En efecto, el toque de queda será implantado para menores de 16 años entre las 11 p.m. y las 6:00 a.m. por parte de la Administración Municipal.

"La medida servirá no sólo para disminuir el consumo de drogas y alcohol entre la juventud, sino para controlar a los muchachos que por el descuido de sus padres se mantienen ociosos en las calles", dijo el secretario de Gobierno, Convivencia y Seguridad.

Además, se evitará que los adolescentes caigan en la delincuencia y aprendan cosas indebidas por falta de actividades extraescolares. "Los menores de edad deben estar estudiando, trabajando o en sus casas, pero nada tienen que hacer en las calles".

La razón de la medida que se pretende implantar en la ciudad se desprende de las miles de quejas de la comunidad y de las estadísticas del Programa de Epidemiología de la Violencia realizado por la Administración Municipal, que revelan que más del 40% de los actos delincuenciales son cometidos por menores de edad.

Pese a las acciones de la Policía y de los demás organismos de seguridad del Estado, se han incrementado los delitos contra la propiedad, especialmente el hurto de vehículos.

¿LO HAS ENTENDIDO?

1 ¿Qué medida quiere introducir el gobierno en Cali?

2 ¿A quién afectará esta medida?

3 ¿A qué hora empieza y termina el toque de queda?

4 ¿Qué quieren las autoridades conseguir con esta medida?

5 ¿Qué revelan las estadísticas?

6 ¿Cuáles son los actos delictivos más comunes en Cali?

TOMA NOTA

Fíjate en esta frase del texto.

> *"Además, **se evitará que** los adolescentes **caigan** en la delincuencia y **aprendan** cosas indebidas...".*

Las expresiones ***evitar que, impedir que, prohibir que*** y ***pedir que*** van seguidas del subjuntivo porque introducen una oración subordinada con un sujeto diferente.

Completa estas frases con el presente de subjuntivo.

A Se prohibirá que los adolescentes _____ (*salir*) por la noche.

B Se evitará que el robo de vehículos _____ (*aumentar*).

C Se pedirá que los padres _____ (*tener*) más responsabilidad.

D La policía quiere impedir que los menores _____ (*deambular*) por las calles.

E Los padres deben impedir que sus hijos _____ (*caer*) en el mundo de la droga.

F El gobierno quiere evitar que el problema de la delincuencia _____ (*agravarse*).

G Las autoridades prohibirán que los bares _____ (*abrir*) después de la medianoche.

H La sociedad pide que _____ (*existir*) más seguridad y vigilancia policial en las calles.

AMPLÍA TU VOCABULARIO

deambular caminar sin dirección determinada
toque de queda tiempo después del cual las personas deben permanecer en sus casas hasta el día siguiente
será implantado será impuesto/obligado
descuido negligencia, falta de atención
ociosos que no hacen nada
evitará impedirá que pase
indebidas que no se deben hacer, inapropiadas
se desprende de se deduce de
quejas protestas
delincuenciales criminales
pese a en contra de
delitos ofensas criminales
hurto robo

Y TÚ, ¿CÓMO LO VES?

1 ¿Crees que es necesario que los padres impongan un horario estricto para volver a casa? ¿Por qué? ¿Alguna vez has vuelto más tarde de la hora? ¿Qué pasó? ¿Te castigaron tus padres?

2 ¿Crees que los castigos son efectivos? ¿Cuál es el castigo que más te molesta? ¿Qué otras alternativas hay?

3 ¿Te parece eficaz y suficiente para prevenir la delincuencia el toque de queda impuesto en Cali? ¿Qué medidas impondrías tú?

4 En tu ciudad, ¿hay delincuencia juvenil? ¿Existen las peleas entre diferentes pandillas de jóvenes? ¿Qué problemas causa y qué medidas existen para solucionarlos?

EN LA ONDA

1 Mira la lista. En tu opinión, ¿cuáles son las causas de la delincuencia juvenil y la drogadicción? ¿Es posible prevenirlas?

- familias rotas o desestructuradas
- problemas en el colegio
- relaciones familiares problemáticas
- abandono de los padres

- falta de
  – un modelo familiar estable
  – seguridad
  – afecto
  – autoestima personal

2 ¿Verdadero o falso? Escucha a Adriana Mendoza hablar sobre el proyecto de la *Casa de la Juventud* en Bogotá (Colombia) con un periodista en la radio. Decide si estas frases son verdaderas o falsas.

A En la *Casa de la Juventud* los menores pueden jugar y aprender cosas.

B No hay facilidades para practicar deportes.

C La *Casa de la Juventud* está abierta sólo para los adolescentes.

D Muchos menores se quedan solos porque sus padres trabajan.

E Tienen suficiente dinero para su proyecto.

F Quieren ampliar las facilidades del centro.

G Quieren abrir un hogar para los niños de la calle.

¡TIENES LA PALABRA!

1 Entre toda la clase decide cuáles son los castigos más apropiados para estas faltas. Explica los motivos de tu decisión.

Delitos

- vandalismo y graffiti
- robar en las tiendas o grandes almacenes
- robar en las viviendas
- robar vehículos
- vender droga
- viajar en transporte público sin pagar
- conducir bajo los efectos del alcohol
- falsificar dinero
- homicidio
- terrorismo

Castigos

- pagar una multa
- hacer servicio comunitario
- ingresar en un centro de rehabilitación
- prisión de régimen abierto
- cadena perpetua
- pena de muerte

2 En grupos de tres escoge uno de estos papeles.

Turista

Tienes que denunciar el robo de tu vehículo. Responde a las preguntas de la policía. Describe tu vehículo (marca, color, matrícula), sus contenidos y dónde te pueden localizar.

Policía

Habla con el turista y el testigo para completar tu informe sobre el robo. Haz las preguntas necesarias para obtener la información.

Testigo

Viste todo lo que ocurrió desde la ventana de una cafetería. Responde a las preguntas del policía.

3 Entre toda la clase comenta tus opiniones sobre estos temas.

¿**La justicia es igual para todos o sólo para los que pueden pagarse un buen abogado?**

¿**Está justificada la pena de muerte?**

POR ESCRITO

1 Observa el gráfico con la opinión de los padres sobre los mayores peligros para sus hijos. Haz una encuesta entre cinco estudiantes de tu clase sobre cuáles consideran los mayores peligros para los adolescentes. Prepara un cuestionario de cinco preguntas y escribe las conclusiones.

Los mayores peligros para los hijos
Menores de 18 años, ambos sexos

Varones		Mujeres
42,6	Drogas	50,4
10,2	Alcohol	16,8
10,0	Falta de trabajo	12,1
7,8	Embarazo	10,2
6,2	Fracaso escolar	6,4

2 ¿Qué medidas pueden contribuir a prevenir o reducir la delincuencia juvenil? Haz una lista.

MEDIDAS

- aumentar la vigilancia policial
- abrir más hogares para los niños de la calle
- implantar un toque de queda

3 Trabajas como voluntario/a en un centro de atención para menores como la *Casa de la Juventud*. Explica qué haces, qué opinas del proyecto y qué problemas existen. (250 palabras)

PUNTO DE MIRA

¿Qué es lo que más te preocupa o interesa en la vida? Escoge los cinco temas que más te interesan. Razona tu respuesta.

la salud
la familia
los estudios
la amistad

el consumo
el deporte

la diversión
la sinceridad
la independencia
el éxito profesional

¿Todos los jóvenes quieren vivir independientemente? Vas a leer los casos de tres chicos españoles.

Vive de tus padres hasta la jubilación

No hay quien les eche del hogar familiar. Trabajan, ganan dinero y tienen coche. Viven felices. Son los hijos. Los hijos gorrones, claro está.

La comodidad es la principal causa de que muchos jóvenes españoles que tienen suficientes recursos como para emanciparse no quieran hacerlo.

Según el informe *Juventud en España*, del Instituto de la Juventud, el 77% de los jóvenes (entre 15 y 30 años) vive con sus padres. El informe refleja que la mayoría se emancipa cuando se casa. Federico, Francisco, o Miguel no tienen excusas.

Federico tiene 28 años y su despacho está en casa. Y la cocinera, y la lavandera. Y todo lo que le haga falta. Acabó Biológicas en 1992, hizo un máster de Dirección de Empresas y trabaja desde hace más de un año en una multinacional alemana, coche de la empresa incluido. «Entro, salgo, hago lo que me apetece, no tengo gastos en casa... La gente es muy comodona». Y se muestra

sincero: «Si tuviera un hijo querría que se fuese lo antes posible».

Francisco cumplió los 29. Aunque goza de independencia económica, nunca se ha planteado irse a vivir fuera de casa. «Estoy muy a gusto con mis padres y hermanas. Si viviera solo, me aburriría». Nunca ha ahorrado. Ni para un alquiler ni para comprar una vivienda. «Sólo lo haría si encontrase a una chica».

A sus 30 años Miguel es el vividor consciente: «En casa se vive como en un hotel. Te planchan, te ponen de comer...». Únicamente se queda solo los meses de julio y reconoce el calvario que supone. «Al principio muy bien, pero al final estoy deseando que venga mi madre para ver si me organiza todo».

¿LO HAS ENTENDIDO?

1 ¿Qué tienen en común Federico, Francisco y Miguel?

2 ¿Qué ventajas tiene para ellos vivir con los padres?

3 ¿Cuál es el principal motivo por el que mayoría de los jóvenes españoles decide vivir fuera de casa? ¿Cuál es una de las razones por las que no se emancipan antes?

4 ¿Con qué compara Miguel el hogar familiar? ¿Por qué?

TOMA NOTA

Fíjate en la estructura.

> *Si* + **imperfecto de subjuntivo + condicional**

Las frases condicionales de este tipo expresan una condición remota o lejos de poder realizarse. Hay tres ejemplos en *Vive de tus padres hasta la jubilación*. Búscalos.

1 Completa las siguientes frases con el condicional.

A Si tuviera seis meses de vacaciones...

B Si tuviera mucho dinero...

C Si hiciera más deporte...

D Si estudiara más...

2 Completa las siguientes frases con el imperfecto de subjuntivo.

A Viviría por mi cuenta si...

B Aprendería español más rápido si...

C Invitaría a mis amigos a una fiesta si...

D Tendría más dinero si...

AMPLÍA TU VOCABULARIO

jubilación retirarse del trabajo a los 60/65 años
gorrones que viven a costa de los demás
recursos medios económicos, dinero
emanciparse independizarse
lo que le haga falta todo lo que necesite
gastos expensas
comodona que le gusta vivir confortablemente
goza de disfruta de
se ha planteado ha pensado en
estoy muy a gusto estoy muy bien
ahorrado guardado dinero, economizado
vividor persona que vive a costa de los demás
calvario sufrimiento, tormento

Y TÚ, ¿CÓMO LO VES?

1 ¿Qué opinas de la actitud de los jóvenes en el artículo? ¿Si tuvieras trabajo y ganaras dinero harías lo mismo que estos chicos españoles?

2 Si tuvieras hijos, ¿cómo reaccionarías ante una situación así?

3 ¿Crees que los padres se sacrifican por los hijos? ¿Cómo?

4 ¿Qué relación tienes con tus padres? ¿Te parece que son estrictos o tolerantes? Explica.

5 ¿Para qué cosas te gustaría tener más libertad en casa?

EN LA ONDA

1 Haz una lista de las cosas que te permiten hacer tus padres y otra de las que no te dejan.

Ejemplo

Mis padres me dan permiso para *traer amigos a casa.*

Mis padres no me dejan *salir durante la semana.*

2 ¿Cómo describirías a los jóvenes de tu generación? Utiliza estos adjetivos para expresarte. Razona tus respuestas.

Ejemplo

Pienso que los jóvenes de mi generación son **tolerantes** *porque aceptan la eutanasia.*

sexistas	tolerantes
abiertos	igualitarios
competitivos	conservadores
idealistas	individualistas
estudiosos	materialistas

3 ¿Verdadero o falso? Escucha a estos jóvenes en la clase de ética y decide si estas afirmaciones son verdaderas o falsas.

A En España los jóvenes se independizan pronto.

B Vivir solo es barato.

C A Paloma le gustaría vivir por su cuenta.

D Es fácil independizarse si tienes un empleo.

E Los jóvenes mexicanos están muy unidos a sus padres.

F Es fácil para los jóvenes encontrar empleo.

G Los jóvenes valoran mucho las buenas relaciones familiares.

¡TIENES LA PALABRA!

Valores que los adultos inculcan

Menores de 18 años, ambos sexos

Consumir	84,1	15,9	Ahorrar
Competir	82,6	17,4	Compartir
Ser comunicativo	76,7	23,3	Ser reservado
Ser interesado	75,2	24,8	Ser entregado
Ser realista	70,4	29,6	Ser idealista
Ser igualitario	67,7	32,3	Ser sexista
Ser resuelto	66,5	33,5	Ser dependiente

1 En grupos observa esta información. ¿Qué valores son importantes para ti en la vida y en la familia? ¿Coinciden con los de la ilustración? ¿Cuáles son positivos y cuáles negativos?

2 ¿Crees qué hay diferencia de valores entre los chicos y las chicas? ¿Por qué crees que existe esa diferencia?

=== AMPLÍA TU VOCABULARIO ===

ser interesado que hace las cosas para beneficio propio

ser resuelto que no tiene miedo a las dificultades; valiente

ser entregado que hace las cosas para el beneficio de otras personas

3 En grupos de tres escoge uno de estos papeles.

El próximo fin de semana te gustaría dar una fiesta en casa e invitar a todos tus amigos. Tus padres estarán de viaje. Habla con ellos para convencerles.

Madre

La idea de tu hijo/a te parece un poco arriesgada. No quieres mucha gente extraña en casa. No quieres que pase nada malo.

Padre

Conoces bien a tu hijo/a y sabes que es sensato/a. Dale consejos sobre lo que debe y no debe hacer. Intenta llegar a un acuerdo entre los tres.

4 Entre toda la clase discute tus opiniones sobre estos temas.

 ¿Es frecuente que los jóvenes vivan solos cuando terminan sus estudios?

 ¿Para quién es más fácil vivir con los padres, para los chicos o para las chicas?

¿Con qué dificultades se encuentran los jóvenes de tu país para independizarse de sus padres?

POR ESCRITO

1 ¿Vives con tus padres? ¿Qué ventajas e inconvenientes tiene esto para ambas partes? Escríbelas en una lista.

2 ¿Cuáles son tus planes para el futuro con respecto al trabajo y la vivienda? ¿Te gustaría vivir por tu cuenta? (250 palabras)

3 Escribe sobre los jóvenes de tu país, cómo son, qué piensan, qué temas les preocupan y cómo se relacionan con sus padres. (200 palabras)

4 ¿Qué importancia tienen la familia y los valores tradicionales en la sociedad actual?

KEY

(*adj*) = adjective	(*prep*) = preposition
(*adv*) = adverb	(*pron*) = pronoun
(*Lat Am*) = Latin American word	(*nf*) = feminine noun
(*col*) = colloquialism	(*nm*) = masculine noun
(*Sp*) = word used chiefly in Spain	(*nm/f*) = masculine/feminine noun
(*ph*) = phrase	(*v*) = verb

A

a corto plazo (*ph*) 80 short-term

a decir de (*ph*) 80 according to

a medida que (*ph*) 80 as

a orillas de (*ph*) 64 on the banks of

a partir de (*ph*) 88 starting on

a pesar de (*ph*) 39 in spite of, despite

a raíz de (*ph*) 76 as a result of

abarcar (*v*) 80 to include

abogado/a (*nm/f*) 54 lawyer

abono químico (*nm*) 48 fertilizer

abrebotellas (*nm*) 21 bottle opener

aburrimiento (*nm*) 55 boredom

acabar (*v*) 48 to finish

acabar de (*ph*) 40 to have just done something

acariciar (*v*) 34 to stroke, to pat

acceder (*v*) 25 to access

acera (*nf*) 56 sidewalk, pavement

acercarse (*v*) 72 to approach, to come into contact with

Aclla (*nf*) 76 Inca virgin consecrated to the sun god

acoger (*v*) 64 to welcome

aconsejar (*v*) 14 to recommend, to advise

acoso (*nm*) 68 hounding, persecution

acostar (*v*) 55 to put to bed

acostarse (*v*) 55 to go to bed

acrecentar (*v*) 27 to increase

acuático/a (*adj*) 12 aquatic

acudir (*v*) 52 to go

adecuarse (*v*) 80 to adapt oneself

adelanto (*nm*) 27 progress, improvement

adicto (*adj*) 17 addicted

adivinador/a (*nm/f*) 39 fortune-teller

adivinar (*v*) 42 to guess

adoquinar (*v*) 64 to pave

adorno (*nm*) 62 decoration, adornment

advertir (*v*) 8 to point out, to draw attention to

aéreo/a (*adj*) 12 aerial

afeitarse (*v*) 56 to shave

afición (*nf*) 24 hobby, pastime

afortunado/a (*adj*) 38 lucky, fortunate

agarradera (*nf*) 12 handle

agarrarse (*v*) 12 to hold on

agencia de viajes (*nf*) 74 travel agency

agotar (*v*) 24 to use up, to deplete

agrario/a (*adj*) 76 land

ahorrar (*v*) 6 to save

aislarse (*v*) 80 to isolate oneself

ajedrez (*nm*) 31 chess

al alcance de (*ph*) 24 near, within reach

al principio (*ph*) 19 at first, in the beginning

ala delta (*nf*) 12 hang-gliding

alargar (*v*) 45 to lengthen, to prolong

alarmante (*adj*) 48 alarming, worrying

albergue (*nm*) 32 shelter, refuge

alcalde/esa (*nm/f*) 28 mayor

alcance (*nm*) 68 reach

alcanzar (*v*) 6 to attain, to reach

aleación (*nf*) 51 alloy

aleta (*nf*) 12 flipper

alfarería (*nf*) 76 pottery

alga (*nf*) 24 seaweed

aliviar (*v*) 19 to ease

almorzar (*v*) 55 to have lunch

alojamiento (*nm*) 74 accommodation

alquiler (*nm*) 66 rent

alrededor de (*ph*) 72 approximately, about

alterar (*v*) 48 to change

altiplanicie (*nf*) 84 high plateau

altruista (*nm/f*) 56 unselfish person, altruist

ama de casa (*nf*) 30 homemaker, housewife

ambientador (*nm*) 48 air freshener

ambiental (*adj*) 32 environmental

ambiente (*nm*) 51 73 environment; atmosphere

ambos/as (*adj*) 20 both

amenazar (*v*) 72 to threaten

amistad (*nf*) 36 friendship

amo/a (*nm/f*) 35 owner

amuleto (*nm*) 36 amulet, lucky charm

amurallado/a (*adj*) 78 walled

anárquico/a (*adj*) 24 anarchic

andino/a (*adj*) 76 Andean, from the Andes

ángel de la guarda (*nm*) 23 guardian angel

anglosajón/a (*adj*) 36 Anglo-Saxon

ansia (*nf*) 67 anxiety

ante (*prep*) 72 before

antepasado/a (*nm/f*) 45 ancestor

anuncio (*nm*) 24 advertisement

añadir (*v*) 8 to add

aparte de (*prep*) 24 aside from

apasionado/a (*adj*) *20* passionate

apelar a (*v*) *8* to call on

apertura (*nf*) *15* opening

apestado/a (*adj*) *56* infected

apetecer (*v*) *92* to strike one's fancy

apogeo (*nm*) *76* height, apogee

aprobar (*v*) *13* to pass an exam

aprovechar (*v*) *8* to make good use of

apunte (*nm*) *56* note

arboleda (*nf*) *64* grove

árbol genealógico (*nm*) *79* family tree

arbusto (*nm*) *60* bush, shrub

árido/a (*adj*) *60* arid

arquitectónico/a (*adj*) *76* architectural

arrasar (*v*) *72* to destroy, to demolish

arrastrado/a (*adj*) *48* carried away

arriesgar (*v*) *68* to endanger

arroz (*nm*) *32* rice

artesanía (*nf*) *62* craftsmanship

asa (*nf*) *12* handle

asegurar (*v*) *20 60* to affirm; to secure, to safeguard

asignatura (*nf*) *8* subject

asistentes (*nm/f*) *8* participants

asumir (*v*) *28* to assume, to take on

atado/a (*adj*) *12* tied

atraer (*v*) *13* to attract

atrapar (*v*) *16 72* to trap; to confine

atrayente (*adj*) *30* attractive

augurio (*nm*) *36* omen

aumentar (*v*) *7* to increase

aún así (*adv*) *16* even so

autónomo/a (*nm/f*) *80* self-employed person

autopista de información (*nf*) *24* information super-highway

aventura (*nf*) *12* adventure

averiguar (*v*) *80* to find out

avispa (*nf*) *34* wasp

ayuda (*nf*) *19* help

B

bailaor/a (*nm/f*) *40* flamenco dancer

bajar (*v*) *12 32* to descend; to take down

bajo/a (*adj*) *22* low

baloncesto (*nm*) *12* basketball

bañar (*v*) *24 50* to bathe

barato/a (*adj*) *94* cheap

barriga (*nf col*) *59* belly, paunch

bastar (*v*) *36* to be enough

basurero (*nm*) *48* garbage dump

batalla (*nf*) *84* battle

bebida (*nf*) *19* drink

beeper (*nm Lat Am*) *52* pager

béisbol (*nm*) *14* baseball

beneficio (*nm*) *8* benefit

bienvenido/a (*adj*) *66* welcome

biotecnología (*nf*) *44* biotechnology

bolsillo (*nm*) *19* pocket

borrachera (*nf*) *16* drunkenness

bullicio (*nm*) *64* uproar, hubbub

bungaló (*nm*) *65* bungalow

buscador/a (*nm/f*) *12* searcher, seeker

C

cabra (*nf*) *34* goat

cacería (*nf*) *68* hunt

cachorro/a (*nm/f*) *35* puppy

cadena (*nf*) *22* network

cadena perpetua (*nf*) *90* life imprisonment

caída libre (*nf*) *12* free fall

calabaza (*nf*) *60* pumpkin

cálido/a (*adj*) *58* warm

callarse (*v*) *39* to keep quiet

calmar (*v*) *67* to calm

calvario (*nm*) *92* torment, heavy burden

cambiar (*v*) *32* to change

caminata (*nf*) *78* hike, excursion

campaña (*nf*) *15* campaign

campeonato (*nm*) *22* championship

campesino/a (*nm/f*) *76* peasant

campo (*nm*) *28* field, sphere

canal (*nm*) *20* channel

cansancio (*nm*) *52* fatigue, exhaustion

cantaor/a (*nm/f*) *40* flamenco singer

cantidad (*nf*) *20* quantity

capa de ozono (*nf*) *48* ozone layer

capacitado/a (*adj*) *28* qualified

capaz (*adj*) *16* able, competent

cargo (*nm*) *28* duty, office

carrera (*nf*) *15 52* career; race

carro (*nm Lat Am*) *9* car

carta (*nf*) *16* letter

casar (*v*) *36* to marry

casco (*nm*) *12* helmet

castellano (*nm*) *8* Castilian, Spanish

castigar (*v*) *69* to punish

cazar (*v*) *60* to hunt

cebolla (*nf*) *25* onion

centenar (*nm*) *8* hundred

centro de rehabilitación (*nm*) *17* rehabilitation center

cerebro (*nm*) *16* brain

cerro (*nm*) *76* hill

Cervantes *8* (Miguel de Cervantes, 1547-1616), Spanish writer. Author of ***Don Quijote de la Mancha***

cerveza (*nf*) *46* beer

cesar (*v*) *32* to stop

chal (*nm*) *59* shawl

chaleco salvavidas (*nm*) *12* life jacket

charla (*nf*) *18* talk

chicano/a (*nm/f*) *40* Mexican-American

chisme (*nm*) *69* piece of gossip

ciencia (*nf*) *26* science

cierto/a (*adj*) *40* true, certain

cifras (*nf*) *40* statistics

cinturón de seguridad (*nm*) *13* seat belt

cita (*nf*) *43* date, meeting

ciudadanía (*nf*) *28* citizens

clan (*nm*) *60* clan

clave (*adj*) *72* key

clon (*nm*) *44* clone

cobarde (*nm/f*) *34* coward

coleccionista (*nm/f*) *24* collector

colectivo (*nm*) *40* collective, group

colgar (*v*) *68* to hang, to be suspended

colocar (*v*) *36* to place

comarca (*nf*) *12* region, area

cometer (*v*) *88* to commit

comodón/a (*adj*) *92* comfort-loving

compartir (*v*) *24* to share

complacer (*v*) *72* to please

complementos (*nm*) *56* accessories

comportamiento (*nm*) *18* conduct

comprar (*v*) *6* to buy

compras (*nf*) *18* shopping

computadora (*nf Lat Am*) *52* computer

concebir (*v*) *16* to conceive, to imagine

concernir (*v*) *12* to concern

concurso (*nm*) *22* competition

conducir (*v*) *9 76* to drive a car; to guide

conducir a (*ph*) *55* to lead to

conferencia de prensa (*nf*) *46* press conference

confianza (*nf*) *42* confidence

conjunto/a (*adj*) *40* joint

conjurar (*v*) *36* to exorcise

conminar (*v*) *56* to threaten

conocimiento (*nm*) *9* knowledge

conquistador (*nm*) *72* conqueror

consejo (*nm*) *19* piece of advice

consigo (*pron*) *36* with oneself

consistir en (*v*) *12* to consist of

consuelo (*nm*) *27* comfort

contar (*v*) *20* to tell

contar con (*v*) *28* to count on

contenedor (*nm*) *50* container

contentarse con (*v*) *28* to be satisfied with

contrario/a (*nm/f*) *28* opponent

conversador/a (*nm/f Lat Am*) *64* coversationalist

convertirse (*v*) *48* to be changed

corazón (*nm*) *7* heart

cordero/a (*nm/f*) *44* lamb

corona (*nf*) *28* crown

corregir (*v*) *13* to correct

correo electrónico (*nm*) *24* e-mail

correspondencia (*nf*) *40* letters

corriente (*nf*) *12* current, flow

cortauñas (*nm*) *21* nail clippers

cosecha (*nf*) *84* harvest

costumbre (*nf*) *10* custom

cotidiano/a (*adj*) *72* commonplace

cotilleo (*nm*) *69* gossip

creciente (*adj*) *40* growing, increasing

creencia (*nf*) *36* belief

criollo (*nm/f*) *60* person of Spanish ancestry

crudo/a (*adj*) *25* raw

cruzado/a (*adj*) *35* crossbred

cualquier/a (*adj*) *7* any

cualquiera (*pron*) *24* anybody

cuenta (*nf*) *93* bill

cuero (*nm*) *12* leather

cuerpo (*nm*) *16* body

culto/a (*adj*) *28* educated, cultured

cumbre (*nf*) *8* summit, meeting

cuyo (*adj*) *6* whose

D

dañar (*v*) *19* to harm, to damage

dar aviso a (*ph*) *32* to tell, to inform

dar por terminado/a (*ph*) *32* to end

dar un vuelco total (*ph*) *20* to change drastically

darse a conocer (*ph*) *24* to make a name for oneself

darse cuenta de (*ph*) *20* to realize

dato (*nm*) *48* fact, piece of information

de acuerdo al (*ph*) *52* in accordance with

deambular (*v*) *88* to wander

debido a (*ph*) *8* because of, due to

década (*nf*) *6* decade

dedicar (*v*) *52* to devote

dejar (*v*) *32* to allow

dejar de (*v*) *88* to stop

delincuencial (*adj*) *88* criminal

delito (*nm*) *88* crime

demostrar (*v*) *72* to show, to prove

denunciar (*v*) *91* to report

dependiente (*nm*) *35* salesperson

deportivo (*adj*) *12* sports

derecho (*nm*) *32* right

derramar (*v*) *36* to spill

desaconsejar (*v*) *14* to advise against, to dissuade

desarrollar (*v*) *12* to carry out

desarrollo (*nm*) *80* progress

descargar (*v*) *12* to unload

desconocido/a (*adj*) *36* unknown

descubrimiento (*nm*) *44* discovery

descuido (*nm*) *88* negligence

desempeñar (*v*) *29* to perform

desempleo (*nm*) *83* unemployment

desencadenar (*v*) *44* to unleash

desgracia (*nf*) *56* misfortune

desigualdad (*nf*) *27* inequality

desinhibirse (*v*) *16* to lose one's inhibitions

deslizarse (*v*) *12* to glide

desnutrición (*nf*) *32* malnutrition

despacho (*nm*) *92* office

desprender de (*v*) *88* to be implied by

destacar (*v*) *80* to highlight

destino (*nm*) *74* destination

destrozar (*v*) *16* to destroy

detenerse (*v*) *16* to stop

deterioro (*nm*) *48* deterioration

determinante (*adj*) *40* determinant

deuda (*nf*) *18* debt

devolver (*v*) *80* to return

diariamente (*adj*) *26* daily

días de fiesta (*nm*) *16* weekend

dibujo animado (*nm*) *22* cartoon

dicho (*nm*) *39* proverb

diferenciar (*v*) *29* to distinguish from

difundir (*v*) *24* to spread

discapacitado/a (*nm/f*) *80* handicapped person

disfrazarse de (*v*) *68* to disguise oneself as

disfrutar (*v*) *55* to enjoy

disminuir (*v*) *88* to reduce

disputar (*v*) *20* to fight for

distraer (*v*) *32* to distract

dominar (*v*) *16* to control

dominio (*nm*) *20 36* knowledge; control

droga de diseño (*nf*) *16* designer drug

ducharse (*v*) *50* to take a shower

dulce (*adj*) *28* sweet, gentle

durar (*v*) *32* to last

E

echar (*v*) *92* to throw out

eficaz (*adj*) *44* effective

ejercer (*v*) *23* to exert

ejercicio (*nm*) *14* exercise

emanciparse (*v*) *92* to become independent

embajada (*nf*) *78* embassy

embalaje (*nm*) *51* packing

embarazo (*nm*) *91* pregnancy

embarcarse (*v*) *12* to get on board, to embark

emisora (*nf*) *82* radio station

empezar (*v*) *15* to begin

empresa (*nf*) *24* company

empuje (*nm*) *40* drive

enano/a (*adj*) *35* tiny

encajar en (*v*) *76* to fit into

encaminar (*v*) *32* to direct

encantar (*v*) *20* to delight

encargado/a (*nm/f*) *12* person in charge

encuesta (*nf*) *34* survey

enfermedad (*nf*) *17* illness

enfermera (*nf*) *30* nurse

enfermo/a (*adj nm/f*) *30 32* ill; patient

enfrentar (*v*) *29* to face

engrandecimiento (*nm*) *28* aggrandizement

enhorabuena (*nf*) *43* congratulations

enigma (*nm*) *76* mystery

enorgullecerse (*v*) *64* to be proud

enriquecer (*v*) *72* to enrich

enseñanza (*nf*) *24* teaching

enseñar (*v*) *23 36* to teach; to show

enterarse de (*v*) *33* to find out about

entidad (*nf*) *32* organization

entrañable (*adj*) *64* affectionate

entregado/a (*adj*) *94* devoted

entrevista (*nf*) *15* interview

envase (*nm*) *47* packaging

época (*nf*) *76* period, time

equipaje (*nm*) *74* baggage, luggage

equipo (*nm*) *14* team

equitación (*nf*) *34* horseback riding

erigir (*v*) *76* to build

escalada (*nf*) *12* climbing

escaso/a (*adj*) *36* scarce

escenificación (*nf*) *84* staging

esclavo/a (*nm/f*) *26* slave

escocés/esa (*adj*) *44* Scottish

escoger (*v*) *10* to choose

escritura (*nf*) *37* handwriting

esfuerzo (*nm*) *76* effort

espectáculo (*nm*) *7* show

espejo (*nm*) *58* mirror

esperanza (*nf*) *47* hope

esperar (*v*) *29* to hope

espina (*nf*) *60* thorn

esqueleto (*nm*) *76* skeleton

esquí (*nm*) *12* skiing

esquimal (*nm/f*) *12* Eskimo

establecimiento (*nm*) *56* establishment

estadística (*nf*) *41* statistics

estallar (*v*) *52* to explode

estar a gusto (*ph*) *92* to feel comfortable

estar al acecho de (*ph*) *68* to lie in wait for

estar al día (*ph*) *7* to be up to date

estar al frente de (*ph*) *28* to be at the head of

estar al mando de (*ph*) *28* to be in command

estar colgado/a (*ph col*) *16* to be hooked

estar de acuerdo (*ph*) *25* to agree

estar de moda (*ph*) *34* to be fashionable

estar dispuesto a (*ph*) *32* to be prepared to

estrecho/a (*adj*) *60 76* intimate; narrow

estrella (*nf*) *15* star

etiqueta (*nf*) *46* label

evitar (*v*) *12 60* to avoid; to prevent

excursionismo (*nm*) *14* hiking, rambling

exigir (*v*) *12 52* to require; to demand

éxito (*nm*) *15* success

experimentar (*v*) *12* to experience

explanada (*nf*) *84* terrace, platform

exprimir (*v*) *72* to squeeze out, to exploit

extraer (*v*) *36* to extract

extraño/a (*adj*) *38* strange

F

fabricar (*v*) *44 68* to make; to invent

facilitar (*v*) *24* to make easy

fallar (*v*) *68* to pronounce sentence on

faltar (*v*) *17* to be missing

falta de (*nf*) *88* shortage of

famoso/a (*adj*) *11* famous

fantasma (*nm*) *38* ghost

fastuoso/a (*adj*) *84* magnificent

fatídico/a (*adj*) *36* ominous

fecha (*nf*) *30* date

fecundidad (*nf*) *36* fertility

feria (*nf*) *26* fair

fiarse (*v*) *39* to trust

fiebre (*nf*) *38* fever

fin de semana (*nm*) *6* weekend

firma (*nf*) *28* company

flotador (*nm*) *12* float

folleto (*nm*) *10* brochure, leaflet

foro (*nm*) *24* meeting, forum

fracaso (*nm*) *41* failure
fresco/a (*adj*) *32* fresh
frijol (*nm Lat Am*) *60* bean
fuegos artificiales (*nm*) *84* fireworks
fuente (*nf*) *6* source
fuerte (*nm*) *84* fort
fuerza (*nf*) *40* strength, force
fumar (*v*) *14* to smoke
fútbol (*nm*) *14* soccer, football

G

galán (*nm*) *22* suitor
galardonar (*v*) *69* to reward
gallina (*nf*) *34* chicken
ganado (*nm*) *60* livestock
ganancias (*nf*) *68* profits
gastar (*v*) *19* to spend
gastos (*nm pl*) *92* expenses
globo (*nm*) *72* hot-air balloon
gobernar (*v*) *30* to rule
gomina (*nf*) *56* hair gel
gorila (*nm col*) *56* thug
gorrón/a (*nm/f col*) *92* freeloader
gozar de (*v*) *8* to enjoy
grabación (*nf*) *8* recording
gracias a (*ph*) *6* thanks to
grado (*nm*) *52* degree
grandes almacenes (*nm*) *90* department store
grisáceo/a (*adj*) *48* grayish
grupo de presión (*nm*) *63* pressure group
guardaespaldas (*nm*) *21* bodyguard
guerra (*nf*) *36* war
gusto (*nm*) *44* taste

H

habitante (*nm/f*) *12* inhabitant
hacendado (*nm*) *20* landowner
hacer falta (*v*) *92* to be necessary
hacer que (*ph*) *8* to make
halagar (*v*) *59* to flatter
hallar (*v*) *76* to find, to discover
hectárea (*nf*) *72* hectare (= 2.471 acres)

hegemonía (*nf*) *76* hegemony
herencia (*nf*) *64* inheritance
hígado (*nm*) *19* liver
hípica (*nf*) *12* horseback riding
hispanohablante (*adj*) *8* Spanish-speaking
historieta (*nf*) *9* comic strip
hogar (*nm*) *92* home
hoja de reclamaciones (*nf*) *93* complaints form
hojear (*v*) *68* to leaf through
hombre rana (*nm*) *21* frogman
hombro (*nm*) *36* shoulder
horno microondas (*nm*) *26* microwave oven
hostil (*adj*) *31* hostile
hoy en día (*ph*) *52* nowadays
huir (*v*) *56* to avoid
hurto (*nm*) *88* theft

I

iberoamericano/a (*adj*) *8* Latin-American
idioma (*nm*) *8* language
idóneo/a (*adj*) *12* suitable, ideal
igual que (*ph*) *52* the same as
ilimitado/a (*adj*) *24* unlimited
imperiosamente (*adv*) *35* imperatively
implantar (*v*) *88* to introduce
imprenta (*nf*) *44* printing press
inadecuado/a (*adj*) *32* unsuitable
incendio (*nm*) *48* fire
inclusive (*adv*) *52* inclusively
incontestable (*adj*) *40* undeniable
inconveniente (*nm*) *14* disadvantage
incrementar (*v*) *88* to increase
incursión (*nf*) *40* raid
incursionar (*v*) *28* to penetrate
indebido/a (*adj*) *88* illegal
índice (*nm*) *22* rate
indígena (*adj nm/f*) *31 72* indigenous; native
indiscutible (*adj*) *40* unquestionable

informática (*nf*) *7* computing
informe (*nm*) *92* report
ingresar (*v*) *17* to admit someone
iniciar (*v*) *76* to start
inmaduro/a (*adj*) *18* immature
inmobiliaria (*nf*) *66* real estate company, estate agency
intercambio (*nm*) *17* exchange
interesado/a (*adj*) *94* selfish
intervenir (*v*) *20* to participate
inútil (*adj*) *27* useless
islote (*nm*) *72* small island

J

jactarse de (*v*) *36* to boast about
jamás (*adv*) *76* never
jeringuilla (*nf*) *17* syringe
jubilación (*nf*) *92* retirement
jubilado/a (*nm/f*) *83* retired person
jugarse la vida (*v*) *15* to risk one's life
juntarse (*v*) *20* to come together
jurado (*nm*) *69* jury

L

labor (*nf*) *80* work
laca (*nf*) *48* hairspray
ladrón/ona (*nm/f*) *29* thief
lamentarse (*v*) *16* to complain
lancha (*nf*) *12* boat
lanzamiento (*nm*) *41* launching
lanzarse (*v*) *12* to throw oneself
lápiz de labios (*nm*) *72* lipstick
lavandera (*nf*) *92* laundress
lectivo/a (*adj*) *10* school
lejos (*adv*) *40* far
lema (*nm*) *15* slogan
lesión (*nf*) *14* wound
letal (*adj*) *16* deadly, lethal
líder (*nm/f*) *28* leader
limpieza (*nf*) *33* cleaning
lince (*nm*) *34* lynx

línea (*nf*) *28* line
lirón (*nm*) *34* dormouse
llamativo/a (*adj*) *58* loud
llevar la peor parte (*ph*) *52* to get the worst of it
llevar más razón que un santo (*ph*) *56* to be in the right
lluvia (*nf*) *25* rain
lobo (*nm*) *34* wolf
localidad (*nf*) *76* place, town
localizar (*v*) *24* to track down
locura (*nf*) *67* madness
lodo (*nm*) *60* mud
lograr (*v*) *6* to achieve, to attain
logro (*nm*) *31* achievement, success
luego de (*adv*) *76* after
lujoso/a (*adj*) *74* luxurious

M

machismo (*nm*) *31* male chauvinism
macho (*nm*) *32* male
madera (*nf*) *13* wood
madrugada (*nf*) *55* early morning
maduro/a (*adj*) *35* mature
magia (*nf*) *12* magic
mal (*nm*) *52* illness
maleducado/a (*adj*) *56* rude
maleficio (*nm*) *36* curse
maleta (*nf*) *21* suitcase
maravilla (*nf*) *27* wonder
marquesina (*nf*) *56* bus shelter
mascota (*v*) *32* pet
materia prima (*nf*) *51* raw material
matrícula (*nf*) *91* license plate
mayoritario/a (*adj*) *40* majority
medianoche (*nf*) *21* midnight
medicamento (*nm*) *44* medicine
medida (*nf*) *88* measure
medio/a (*adj*) *6 10* half; intermediate
medio (*nm*) *12* method, way
medios de comunicación (*nm*) *6* media
mejorar (*v*) *9* to improve
melómano/a (*nm/f*) *17* music lover

mente (*nf*) *72* mind
mercado (*nm*) *7* market
merecer la pena (*ph*) *15* to be worth the trouble
mesero (*nm Lat Am*) *54* waiter
meta (*nf*) *8* objective
mezclar (*v*) *10* to mix
miedo (*nm*) *16* fear
milenario/a (*adj*) *84* very ancient
mímica (*nf*) *53* mime
misa (*nf*) *86* mass
mitad (*nf*) *19* half
mito (*nm*) *40* myth
mitómano (*nm/f*) *17* liar
moda (*nf*) *11* fashion
modalidad (*nf*) *12* kind, variety
monitor/a (*nm/f*) *12* monitor
montar (*v*) *68* to mount
mostrar (*v*) *72* to show
multa (*nf*) *90* fine
municipio (*nm*) *28* district

N

nacer (*v*) *12* to be born
nada (*pron*) *56* nothing
natación (*nf*) *14* swimming
naturaleza (*nf*) *7* nature
navegar (*v*) *27* to navigate
Navidad (*nf*) *19* Christmas
necio/a (*adj*) *39* silly
negar (*v*) *60* to deny
negarse a (*v*) *28* to refuse to
negocio (*nm*) *68* business
neumático/a (*adj*) *12* air, pneumatic
ni siquiera (*adv*) *36* not even
niñera (*nf*) *55* nanny
nivel (*nm*) *10* level
nivel de renta (*nm*) *40* level of income
nocivo/a (*adj*) *48* harmful
nómada (*adj*) *72* nomadic
nombrar (*v*) *24* to name
norma (*nf*) *14* rule
notar (*v*) *59* to observe
noticia (*nf*) *6* piece of news
nuca (*nf*) *59* back of the neck, nape
nutritivo/a (*adj*) *51* nourishing

O

obrero (*nm*) *52* worker
ocio (*nm*) *7* leisure
ocioso/a (*nm/f adj*) *24 88* idler; idle
ocultarse (*v*) *16* to hide oneself
ocurrirse (*v*) *20* to cross one's mind
odioso/a (*adj*) *16* hateful
oferta (*nf*) *28* offer
olvidar (*v*) *16* to forget
opositor/a (*nm/f*) *28* opponent
opuesto (*adj*) *41* opposite
ordenador (*nm Sp*) *18* computer
orientar (*v*) *40* to direct
óseo/a (*adj*) *14* bony
ostra (*nf*) *34* oyster
OVNI (objeto volante no identificado) (*nm*) *38* UFO

P

padecer de (*v*) *52* to suffer from
pagano/a (*nm/f*) *36* pagan
palmera (*nf*) *64* palm tree
pandilla (*nf*) *89* gang
papa (*nf Lat Am*) *9* potato
papel (*nm*) *7 10* paper; role
paraíso (*nm*) *12* paradise, heaven
paro (*nm*) *83* unemployment
párrafo (*nm*) *25* paragraph
pasajero/a (*adj*) *52* passing
pasatiempo (*nm*) *6* hobby
pasear (*v*) *32 64* to take for a walk; to go for a walk
paz (*nf*) *66* peace
peinarse (*v*) *22* to comb one's hair
peligro (*nm*) *12* danger
pelirrojo (*adj*) *21* red-haired
pelu (*nf*) *59* hairdresser's (abbreviation of *peluquería*)
pena de muerte (*nf*) *90* death penalty
pérdida (*nf*) *72* loss
periodista (*nm/f*) *8* journalist
perjudicar (*v*) *60* to damage
perseguir (*v*) *12* to pursue

pertenecer (*v*) *85* to belong to

pescado (*nm*) *25* fish

pescar (*v*) *12* to fish

pese a (*prep*) *88* despite

piragua (*nf*) *12* canoe

piragüismo (*nm*) *12* canoeing

piso (*nm*) *21 65* floor; apartment

pisotear (*v*) *60* to trample

planchado/a (*adj*) *56* ironed

plantear (*v*) *92* to ask oneself

plantilla (*nf*) *80* personnel

plataforma (*nf*) *28* platform

poblador/a (*nm/f*) *84* inhabitant

poderoso/a (*adj*) *30* powerful

polifacético/a (*adj*) *64* many-sided

poner a prueba (*ph*) *40* to test

poner de manifiesto (*v*) *8* to reveal, to make something clear

por ello (*ph*) *8* for that reason

por razones de (*ph*) *12* for (reasons of)

por supuesto (*ph*) *7* of course

por tanto (*ph*) *36* therefore

portada (*nf*) *70* cover

porteño/a (*nm/f*) *64* inhabitant of Buenos Aires

pozo (*nm*) *60* well

prado (*nm*) *32* meadow

predecir (*v*) *37* to predict

prensa (*nf*) *6* press

preocupar (*v*) *49* to worry

presa (*nf*) *6* prey

prestigio (*nm*) *8* prestige, reputation

presumido/a (*adj*) *59* vain

pretender (*v*) *88* to try to

primer mandatario (*nm*) *32* head of state

programa de charla (*nm*) *24* chat line

prohibir (*v*) *18* to forbid

propiciar (*v*) *36* to favor

propietario/a (*nm/f*) *44* owner

propuesta (*nf*) *43* proposal

prosperar (*v*) *80* to prosper

protagonista (*nm/f*) *20* main character

próximo/a (*adj*) *20* next

prueba (*nf*) *41* proof

puente (*nm*) *12* bridge

puertorriqueño/a (*nm/f*) *40* Puerto Rican

puesto (*nm*) *29* position

puesto de avanzada (*nm*) *76* outpost

pulmonar (*adj*) *44* lung

punto de vista (*nm*) *24* point of view

Q

quedar (*v*) *40* to remain

queja (*nf*) *48* complaint

quejarse (*v*) *23* to complain

querido/a (*adj*) *28* beloved

quiromancia (*nf*) *37* palmistry

R

rápidos (*nm*) *12* rapids

rasgo (*nm*) *42* characteristic

rayos X (*nm*) *44* X-rays

razón (*nf*) *17* reason

razonar (*v*) *28* to reason

realeza (*nf*) *68* royalty

realizar (*v*) *14 20* to carry out; to make

rebajas (*nf*) *65* sales

recaudar (*v*) *63* to collect

reciclaje (*nm*) *48* recycling

reclamo (*nm Lat Am*) *28* complaint

reconocer (*v*) *28* to admit

recreo (*nm*) *69* break

recuadro (*nm*) *7* box

recursos (*nm*) *24 92* resources; means

red (*nf*) *25 66* net; network

reflejar (*v*) *21* to reflect

reflejo (*nm*) *20* reflection

refrán (*nm*) *36* proverb, saying

regalar (*v*) *6* to give

reina de belleza (*nf*) *29* beauty queen

relucir (*v*) *39* to shine

remoto (*adj*) *72* remote

rendimiento (*nm*) *44* yield

rendir los honores (*ph*) *84* to worship

rentable (*adj*) *51* profitable

repeler (*v*) *37* to repel

repetir (*v*) *20* to repeat

reportar (*v*) *68 80* to obtain; to give

requerir (*v*) *80* to require

reseña (*nf*) *43* account, summary

residir (*v*) *8* to live

resistente (*adj*) *12* resistant, strong

respaldo (*nm*) *28* support

respirar (*v*) *64* to breathe

respuesta (*nf*) *16* answer

resuelto/a (*adj*) *94* determined

resultar (*v*) *20* to be, to turn out

resumir (*v*) *35* to summarize

revés (*nm*) *21* reverse

revista (*nf*) *6* magazine

rezumar (*v*) *64* to ooze

rincón (*nm*) *64* corner

riñón (*nm*) *19* kidney

riqueza (*nf*) *8 51* richness; abundance, wealth

rizo (*nm*) *59* curl

rodear (*v*) *23* to surround

ruido (*nm*) *24* noise

ruptura (*nf*) *18* split

rural (*adj*) *67* rural

S

sabiduría (*nf*) *30* wisdom

sabor (*nm*) *12* taste

sacacorchos (*nm*) *21* corkscrew

sacar (*v*) *32 40* to remove; to publish

sacar conclusiones (*ph*) *48* to draw conclusions

salario (*nm*) *36* wages

salir (*v*) *56* to go out

saltar a la fama (*v*) *28* to leap to fame

salto base (*nm*) *15* base jump

salud (*nf*) *7* health

salvaguarda (*nf*) *44* safeguard

salvar (*v*) *50* to save

sano/a (*adj*) *19* healthy

sede (*nf*) *8* seat, headquarters

seguridad (*nf*) *12* safety

selva amazónica (*nf*) *63* Amazon rainforest

semáforo (*nm*) *21* traffic lights

semanario (*nm*) 68   weekly magazine

semejante (*adj*) 72   similar

sensato/a (*adj*) 35   sensible

sentido (*nm*) 36   meaning

sentirse (*v*) 16   to feel

señalar (*v*) 8   to point out, to indicate

sequía (*nf*) 48   drought

sesión inaugural (*nf*) 8   opening session

si bien (*ph*) 52   although

siglo (*nm*) 24   century

simiente (*nf*) 84   seed

sin embargo (*ph*) 12   however, still

soberano/a (*nm/f*) 76   sovereign

sobrenatural (*adj*) 38   supernatural

soledad (*sf*) 10 18   solitude; loneliness

solicitud (*nf*) 32   request

solidario/a (*adj*) 61   sympathetic

solitario/a (*nm/f*) 27   lonely person

soñar (*v*) 28   to dream

soportar (*v*) 56   to endure

sordo/a (*adj*) 39   deaf

soroche (*nm Lat Am*) 78   mountain sickness

sorprendente (*adj*) 24   surprising

submarinismo (*nm*) 12   underwater exploration

sueldo (*nm*) 28   salary

suerte (*nf*) 36   luck

sujetar (*v*) 12   to hold tight

sumar (*v*) 8   to total

sumergir (*v*) 84   to sink

suponer (*v*) 35   to imply

T

tablón (*nm*) 24   bulletin board

tabú (*adj*) 25   taboo

tal parece que (*ph*) 32   it seems that

tala (*nf*) 48   tree felling

talentoso/a (*adj*) 20   talented

tal vez (*adj*) 59   perhaps

taurino/a (*adj*) 31   bullfighting

técnica (*nf*) 12   technique, skill

telemando (*nm*) 26   remote control

telemático/a (*adj*) 80   telematic

telenovela (*nf*) 20   soap opera

televidente (*nm/f*) 21   viewer

televisivo/a (*adj*) 22   television

tema (*nm*) 7   subject

temor (*nm*) 44   fear

temporal (*adj*) 39   temporary

tener derecho a (*ph*) 72   to have a right to

terapéutico/a (*adj*) 33   therapeutic

tercer mundo (*nm*) 62   the Third World

terrestre (*adj*) 12   land, terrestrial

tesoro (*nm*) 24   treasure

testigo (*nm/f*) 64   witness

tiempo libre (*nm*) 6   free time

timidez (*nf*) 16   shyness

tinieblas (*nf*) 84   shadows, darkness

tío/a (*nm/f Sp col*) 56   guy

tirarse de (*v*) 12   to throw oneself

tomar en cuenta (*ph*) 28   to take into account

tono (*nm*) 17   tone

tontería (*nf*) 37   foolishness

toque de queda (*nm*) 88   curfew

torero/a (*nm/f*) 31   bullfighter

toxicómano/a (*nm/f*) 17   drug addict

tragaperras (*nf*) 16   slot machine

trama (*nf*) 20   plot

tras (*prep*) 16   behind

trasladar (*v*) 36   to move

traslucir (*v*) 64   to reveal

traspasar (*v*) 40   to transmit

tratamiento (*nm*) 44   treatment

trébol de cuatro hojas (*nm*) 36   four-leaf clover

tribu (*nf*) 75   tribe

tripulante (*nm/f*) 12   crew member

triste (*adj*) 17   sad

trotamundos (*nm*) 72   globe trotter

truco (*nm*) 22   trick

tumbarse (*v*) 12   to lie down

U

ubicación (*nf*) 76   location

último/a (*adj*) 6 8   last; latter

una vez (*ph*) 60   once

urbe (*nf*) 64   large city

usuario/a (*nm/f*) 15   user

V

vacío (*nm*) 15   void

vacuna (*nf*) 35   vaccination

valerse de (*v*) 28   to take advantage of

validez (*nf*) 37   validity

valor (*nm*) 40   value

valorar (*v*) 31   to value

variante (*nm*) 8   variant

veintena (*nf*) 8   about twenty

vencer (*v*) 17   to defeat

ventaja (*nf*) 11   advantage

veracidad (*nf*) 20   veracity

verdadero/a (*adj*) 13   true

verduras (*nf*) 32   green vegetables

verter (*v*) 84   to pour out

vértice (*nm*) 20   top, apex

vertidos (*nm*) 48   waste

vestuario (*nm*) 59   clothes

viaje (*nm*) 7 25   travel; trip

videojuego (*nm*) 18   video game

Viejo Continente (*nm*) 12   Europe

vínculo de unión (*nm*) 8   link, bond

vino (*nm*) 19   wine

violar (*v*) 68   to infringe

vividor/a (*nm/f*) 92   opportunist

vivienda (*nf*) 65   dwelling

volverse (*v*) 23   to become

vuelo sin motor (*nm*) 12   gliding

Z

zona peatonal (*nf*) 66   pedestrian area

THE LEARNING CENTRE
HAMMERSMITH AND WEST
LONDON COLLEGE
GLIDDON ROAD
LONDON W14 9BL